Blick auf den Islam

Reise zu den Grundsätzen einer faszinierenden Religion

1. Auflage 2024

Inhalt: Sabrina Hinrichs
Umschlagbild: © Mari - AdobeStock.com
Redaktion: Kohl-Verlag
Grafik & Satz: Eva-Maria Noack / Kohl-Verlag
Druck: Druckhaus Flock, Köln

Bestell-Nr. 13 088

ISBN: 978-3-98841-163-1

Bildquellen © AdobeStock.com:

S. 4 – 52 oben: MITstudio; **S. 1**: Africa Studio; **S. 2**: lina0486, skyshades, Edler von Rabenstein; **S. 4**: resul, bariscandelice; **S. 5**: Adriana; **S. 7**: AspctStyle, Nattle (bearb.); **S. 8**: ayselucar, Elisanth; **S. 9**: vectornation; **S. 10**: Colorfuel Studio (4x); **S. 12**: Muhammad, PawLoveArt; **S. 13**: TwilightArtPictures, Mari; **S. 14**: YoPixArt (bearb.); **S. 15**: vectornation; **S. 16**: Mahmoud Rahall; **S. 17**: laudiseno, Yafit Art; **S. 18**: vectornation (4x); **S. 19**: b_susann_k; **S. 20**: faisal; **S. 22**: vectornation; **S. 23**: vectornation; **S. 24**: vectornation; **S. 25**: skyshades; **S. 26**: lina0486, b_susann_k; **S. 27**: vectornation; **S. 28**: studio GDB; **S. 29**: picoStudio, WinWin, Oliver; **S. 30**: vectornation; **S. 32**: Freshcare; **S. 33**: Anastasiia; **S. 34**: Olesik, fotokitas; **S. 35**: dariaustiugova, agny_illustration (2x); **S. 36**: jongjawi; **S. 38**: 3D Station; **S. 39**: Freshcare, MouhamedNourdine, Mohamed Reedi; **S. 40**: ida; **S. 41**: dldsgn; **S. 42**: raul77; **S. 43**: Prazis Images; **S. 44**: Abe Mossop; **S. 45**: nsit0108; **S. 46**: ii-graphics; **S. 49**: SCStock, SeanPavonePhoto; **S. 50**: Africa Studio; **S. 51**: Bilal; **S. 52**: winyu; **S. 53**: YoPixArt; **S. 56**: Olesik34; **S. 57**: asantosg (bearb.)

Inhalt

Vorwort

Der Islam ... Obwohl auch in Deutschland über 5 Millionen Muslime leben und der Islam damit zu den verbreitetsten Religionen Deutschlands zählt, ist diese Weltreligion vielen Deutschen sehr fremd. Und das obwohl der Islam und das Christentum, die mit 40 Millionen Anhängern häufigste Religion in Deutschland, viele Gemeinsamkeiten haben.

Des Weiteren wird der Islam oft mit Extremismus, Fundamentalismus und Terroranschlägen in Verbindung gebracht, obwohl der Koran grundsätzlich Toleranz und ein friedliches Zusammenleben vermittelt.

Dieses Buch soll die Ähnlichkeiten und Unterschiede der beiden Weltreligionen Islam und Christentum aufzeigen, Fragen beantworten, Vorurteile abbauen und eine Brücke zwischen Fremde und Vertrautheit schlagen.

Dazu werden die Leser von dem deutschen, christlichen Mädchen Mila mit in die Türkei genommen. Dort lässt sich Mila von der Türkin Aylin eine ihr zunächst fremde Welt zeigen, in der Aylins Religion eine bedeutende Rolle spielt. Mit Aylin erlebt Mila den Ramadan, das Zuckerfest und einen Moscheebesuch. Dabei erklärt Aylin Mila und den Lesern die Grundsätze ihres Glaubens. Die beiden Mädchen stehen exemplarisch für eine Christin und Muslimin, die in Deutschland und in der Türkei leben. Selbstverständlich gibt es auch in anderen Ländern Menschen, die den gleichen Religionen angehören, aber diese ganz anders praktizieren.

Die einzelnen Kapitel können unabhängig voneinander und in einer anderen Reihenfolge zum Einsatz kommen. Jedes Kapitel enthält Aufgaben und Rätsel, mit denen das erworbene Wissen überprüft und erweitert werden kann. Die Texte können von den Schülern selbstständig erarbeitet oder von der Lehrkraft vorgelesen werden.

Eine lehrreiche Reise in den Orient wünschen Ihnen und Ihren Schülern*
das Team des Kohl-Verlags und

Sabrina Hinrichs

Liebe SchülerInnen,
ihr werdet in den nächsten Wochen das deutsche Mädchen Mila auf ihrer Türkeireise begleiten. Dort wird euch Aylin, ein muslimisches Mädchen, ihren Glauben erklären und euch ihren Alltag zeigen. Den Islam gibt es jedoch in vielen verschiedenen Ländern und überall wird er unterschiedlich gelebt und verstanden. Zum Beispiel wird das Tragen eines Kopftuches oder das Fasten während des Monats Ramadan unterschiedlich ernst genommen. Während es muslimische Frauen gibt, die sich komplett verschleiern, gibt es auch solche die ganz auf das Kopftuch verzichten. Aylins Beschreibungen treffen somit nicht auf alle Muslime zu. Trotzdem soll dieses Buch Fragen beantworten, Vorurteile abbauen und exemplarisch zeigen wie Muslime ihren Alltag gestalten.
Vielleicht gibt es auch muslimische Kinder in eurer Klasse, die berichten können wie sie ihre Religion verstehen und leben.
Viel Spaß beim Eintauchen in eine fremde Welt und in eine Religion, die uns oftmals fremd und vertraut zugleich erscheint!

* *Aufgrund der besseren Lesbarkeit wird im Folgenden die männliche Form Schüler bzw. Lehrer verwendet. Gemeint sind damit selbstverständlich auch die weiblichen Personen.*

1

Kopftücher

Aufgeregt sieht Mila sich um. Erst vor wenigen Minuten ist sie mit ihren Eltern in der Türkei angekommen, in einer ihr völlig fremden Welt. Seit dem Verlassen des Flughafengebäudes rieseln neue Eindrücke auf sie ein: Es ist ungewohnt heiß. Aus kleinen Geschäften ertönt orientalische Musik. Verkaufsstände bieten Gewürze an, die die ganze Umgebung in einen ungewohnten Duft tauchen. Auf den Straßen sind viele Motorroller unterwegs, deren Geknatter immer schon von Weitem zu hören ist. Außerdem hat Mila das Gefühl, dass sie mit ihren blonden Haaren und blauen Augen ein wenig auffällt. Schnell setzt sie sich ihre Sonnenbrille und ihren Sonnenhut auf. Viele türkische Frauen verstecken ihre Haare in der Öffentlichkeit dagegen unter Kopftüchern. Auch in Deutschland hat Mila schon mal verschleierte Frauen gesehen. Doch hier gibt es überall kopftuchtragende Frauen: im Flughafengebäude, auf den Straßen, in den Geschäften.

„Ich würde mir hier gerne etwas zu trinken kaufen", verkündet Milas Mutter und zeigt auf ein kleines Geschäft. Dort werden auch frisches Obst und Gemüse, Gewürze, Trockenfrüchte und Backwaren angeboten. Mila betrachtet neugierig die lecker aussehenden, kleinen, süßen Gebäcke. „Die haben wir ganz frisch gebacken!", hört Mila plötzlich direkt neben sich eine Stimme. Ein Mädchen in ihrem Alter steht auf einmal direkt bei ihr und lächelt Mila freundlich an. Auch ihre dunklen Augen sehen nett aus. Ihr hübsches Gesicht wird von einem blauen Kopftuch umrahmt. „Hier! Probier mal!", fordert das Mädchen Mila auf Englisch auf und hält ihr ein kleines Gebäck hin. „Danke!", murmelt Mila und beißt ein Stück davon ab. Langsam lässt sie sich den süßen klebrigen Teig auf der Zunge zergehen. Er schmeckt nach Pistazien und Honig. „Mmh, lecker!", nuschelt Mila mit vollem Mund und die beiden Mädchen lächeln sich an. „Das sind unsere hausgemachten Baklava." Mila schaut das Mädchen überrascht an. „Echt! Die habt ihr selbst gebacken?" Als Antwort erhält sie ein stolzes Kopfnicken.

Kopftücher

Milas Mutter hat bereits eine Flasche Wasser gekauft. „Kommst du, Mila", ruft sie. „Wir wollen erst einmal im Hotel einchecken." Mila nickt etwas widerwillig. Sie mag das Mädchen und hätte sich gerne noch länger mit ihr unterhalten. „Du kannst jederzeit wiederkommen", schlägt ihr das Mädchen vor. „Ich heiße übrigens Aylin." „Ich bin Mila", antwortet Mila sofort. „Und ich komme gerne wieder!", verspricht sie. „Bis bald!" Dann folgt sie ihren Eltern zum Hotel.

Während es sich Milas Eltern am Hotelpool gemütlich machen wollen, hat Mila ganz andere Pläne. „Darf ich zu Aylin gehen?", fragt sie ihre Eltern. Ihre Mutter wirft ihrem Vater einen unsicheren Blick zu. Auch Papa ist nicht sicher, ob er Mila alleine gehen lassen möchte. „Willst du denn gar nicht baden?" Mila schüttelt entschieden den Kopf. Schwimmen kann sie schließlich auch zuhause. Mama seufzt. „Na gut, aber nimm bitte dein Handy mit, damit wir dich erreichen können." „Super, danke!", verabschiedet sich Mila.

Kurz darauf steht Mila wieder vor dem Geschäft. Aylin ist noch da und packt gerade einem Kunden seine Einkäufe ein. Etwas schüchtern betritt Mila den Laden. Aylin lächelt, als sie das deutsche Mädchen entdeckt und nickt ihr zu. „Das ging ja schnell!", sagt Aylin, nachdem sie den Kunden verabschiedet hat. Sie scheint sich über Milas Besuch zu freuen. Sie dreht sich zu ihrem Vater um, der gerade das Geld in der Kasse sortiert, und redet mit ihm auf Türkisch. Mila gefällt der Klang der Sprache, aber sie versteht kein Wort. Aylin wendet sich schließlich wieder Mila zu und lächelt zufrieden. „Ich kann schon Feierabend machen. Was hältst du davon, wenn wir bei mir zuhause zusammen Baklava backen. Unsere Wohnung ist direkt über dem Laden." Mila freut sich. Mit so einem gastfreundlichen Angebot hätte sie nicht gerechnet. „Gerne, danke!"

KOHL VERLAG Lernen mit Erfolg
Blick auf den Islam
Klasse 3/4 – Bestell-Nr. 13 088

1

Kopftücher

In der Wohnung nimmt Aylin ihr Kopftuch ab. Darunter kommen wunderschöne, lange, dunkle Haare zum Vorschein. „Trägst du das Kopftuch immer, wenn du das Haus verlässt?" Aylin nickt. „Ja, meine Religion verbietet mir, meine Haare öffentlich zu zeigen", erklärt sie. „Frauen sollen ihre Reize vor fremden Männern verstecken. Deshalb müssen die Haare und das Dekolleté bedeckt sein. Nur innerhalb der Familie dürfen wir das Kopftuch abnehmen." Mila ist überrascht wie überzeugt Aylin von dieser Regel ist. Sie findet es schade, dass ihre neue Freundin ihre schönen Haare kaum jemandem zeigen darf. „Du hast so schöne Haare. Findest du es nicht traurig, dass das niemand sieht?" Aylin schüttelt erstaunt den Kopf. „Nein, niemand Fremdes darf uns Frauen sexuell begehren." Auch das versteht Mila nicht so recht. Ihre Cousine Laura ist schon zwanzig und ziemlich hübsch. Ihr gucken oft Männer hinterher und Laura gefällt das sogar. Mila fragt sich, wieso Aylin dies ganz anders sieht. „Aber es ist doch nicht schlimm, wenn jemand dich und deine Haare schön findet", hakt sie nochmal nach. Aylin guckt sie entsetzt an. „Der Koran verbietet das!", sagt Aylin mit fester Stimme. Mila merkt, dass Aylin die Nachfragen nicht gefallen. „Ich dachte nur, dass es manchmal bestimmt unangenehm ist, so ein Kopftuch zu tragen", versucht Mila zu erklären. „Ist es nicht manchmal sehr heiß unter dem Tuch?" Aylin nickt. „Aber man gewöhnt sich daran", meint sie. Mila denkt an ihre Mitschülerin, die ebenfalls Muslimin ist, aber nur zum Beten in der Moschee ein Kopftuch trägt. „Ich habe auch türkische Frauen gesehen, die entweder gar kein Kopftuch tragen oder ihr Tuch so locker binden, dass man die Haare trotzdem sehen kann", erzählt Mila. „Ich dachte, ihr müsst das Kopftuch nur zum Beten tragen." Aylin überlegt. „Das kommt darauf an, wie gläubig die Frauen sind und wie sie ihren Glauben leben. Jeder interpretiert die Worte des Koran etwas anders", erklärt sie schließlich. „So ein Kopftuch nennt man übrigens Hidschab", sagt sie und deutet auf ihr blaues Tuch, das sie über einen Stuhl gehängt hat. „Damit werden nur die Haare verdeckt und das Gesicht bleibt frei. Manchmal tragen muslimische Frauen auch den Niqab, allerdings nicht in der Türkei, sondern eher in Afghanistan. Dabei sind nur die Augen frei und der Rest des Gesichtes ist verdeckt. Noch stärker verschleiern kann man sich mit einer Burka, die fast den ganzen Körper und sogar das Gesicht verdeckt. Aber auch das sieht man in der Türkei normalerweise nicht. Haut sieht man dann höchstens an Händen und Füßen und die Frauen blicken durch ein Gitternetz. Das hat mit dem Islam aber gar nicht mehr so viel zu tun, sondern ist vielmehr in einigen Ländern und Regionen Tradition."

Kopftücher

Mila hat zwar schon mal verschleierte Frauen gesehen. Trotzdem erscheinen ihr die Verschleierungen nun sehr fremd. Dabei weiß sie, dass zwischen Aylins hübschem Kopftuch und einer Burka oder einem Tschador auch noch große Unterschiede bestehen. Denn der Tschador ist ein langes Gewand, das man über die normale Kleidung ziehen kann.

„Darfst du denn beim Schwimmen dein Kopftuch abnehmen?", fragt Mila nun. Es ist auch in der Wohnung sehr heiß und ohne regelmäßige Abkühlungen stellt Mila sich den Alltag in der Türkei sehr schwierig vor. „Ich gehe eigentlich ganz normal schwimmen, allerdings mit Kopftuch. In anderen muslimischen Ländern tragen die Frauen einen Burkini." Mila sieht Aylin fragend an. „Das ist eine Mischung aus Bikini und Burka, ein Badeanzug mit langen Ärmeln und Hosenbeinen." Mila schweigt einen Moment. „Das ist verrückt", meint sie schließlich. „Ihr müsst euch hier verschleiern, während es in Europa nicht gewünscht und manchmal sogar verboten ist sich zu verhüllen." Aylin nickt. „Ich weiß, das liegt wohl daran, dass bei euch in Mitteleuropa weniger Muslime wohnen, als in der Türkei."

Aufgabe 1: *Ordne den Begriffen (re.) eine passende Definition (li.) zu.*

Burkini	Kopftuch, das nur die Haare bedeckt (A)
Tschador	Verschleierung, die nur einen Schlitz für die Augen freilässt (M)
Burka	eine Mischung zwischen Bikini und Burka (I)
Hidschab	Gewand, das über die Kleidung gezogen werden kann (S)
Niqab	fast vollständige Verschleierung mit einem Gitternetz vor dem Gesicht (L)

Lösungswort: ______________________

KOHL VERLAG Lernen mit Erfolg
Blick auf den Islam
Klasse 3/4 – Bestell-Nr. 13 088

2

Der Ruf des Muezzin

Plötzlich ertönt ein ohrenbetäubender Lärm. Mila zuckt zusammen und schaut Aylin erschrocken an. Eine Männerstimme ist laut zu hören. Es ist eine Mischung aus Rufen und Gesang. „Das ist der Muezzin, der zum Gebet aufruft", erklärt Aylin. „Nur zwei Straßen weiter ist die nächste Moschee". „Was singt er denn?", fragt Mila, die trotz der Lautstärke den Gesang nicht verstehen kann. „Das ist arabisch. *Allahu akbar!* bedeutet *Allah ist der Allergrößte.*" Mila wundert sich darüber, dass der Muezzin nicht auf Türkisch ruft. „Der Islam hat seinen Ursprung im heutigen Saudi-Arabien und dort wurde und wird immer noch Arabisch gesprochen", erklärt Aylin. Mila lauscht dem Ruf des Muezzin und Aylins Erklärungen gleichzeitig. „Allah ist euer Gott, oder?" Aylin nickt. „Genau! Allah bedeutet *der einzige Gott*. Hör doch mal!", fordert sie Mila auf. Tatsächlich! Der gesungene Text hat sich geändert. Aylin übersetzt sofort: „La ilaha illa llah bedeutet *Es gibt keinen Gott außer Allah.*" Mila findet den Gesang immer noch sehr laut. „Wie oft hört ihr den Muezzin?", möchte sie wissen. „Fünf Mal am Tag", antwortet Aylin, „weil wir Muslime fünf Mal am Tag beten sollen. Die Rufe hören wir auch nachts. Denn auch vor Sonnenaufgang und nach Sonnenuntergang soll gebetet werden." Mila fragt sich wie sie während des Urlaubs ungestört schlafen soll. Der Muezzin wird sie wohl oft aus den Träumen reißen. „Willst du mir beim Beten zusehen?", fragt Aylin plötzlich. Mila ist überrascht. Sie und ihre Eltern sind Christen und beten nur manchmal in der Kirche, im Gottesdienst. Dass sie zuhause jemandem beim Beten zuschauen konnte, hat Mila jedenfalls noch nicht erlebt. „Ja, sehr gerne!", antwortet sie deshalb sofort.

Aufgabe 2: *Richtig oder falsch? Die entsprechenden Buchstaben ergeben ein Lösungswort.*

✎ ____________________

	richtig	falsch
Der Muezzin ruft zum Fastenessen auf.	M	B
Muslime beten fünf Mal in der Woche.	U	E
Auch vor Sonnenaufgang und nach Sonnenuntergang ruft der Muezzin.	T	L
Der Muezzin singt auf Türkisch.	A	E
Der Ruf des Muezzin bedeutet: „Allah ist der Allergrößte"	N	H

Das Gebet

„Bittgebete gibt es bei uns nicht", erklärt Aylin. „Wir beten nur, um Gott zu preisen und nicht um ihn um etwas zu bitten." Mila denkt an die Fürbitten, die bei den Christen am Ende eines Gottesdienstes gesprochen werden. So etwas scheint es im Islam nicht zu geben. Aylin dreht sich zum Fenster. „Wir beten immer in Richtung Mekka", erklärt sie. „Dort befindet sich die Kaaba, das wichtigste Heiligtum im Islam. Kaaba bedeutet Würfel und das kleine schwarze Gotteshaus hat tatsächlich die Form eines Würfels". Vor dem Beten waschen wir uns." Mit diesen Worten verschwindet Aylin ins Badezimmer.

Im Stehen hält Aylin nun beide Hände hoch, auf Höhe der Ohren. Dabei zeigen die Handflächen nach vorn. Knapp oberhalb des Bauches wird dann die rechte Hand auf den linken Oberarm gelegt. Darauf folgt eine Verbeugung, bei der die Hände auf die Knie gelegt werden. Danach richtet sich Aylin wieder auf. Einen Moment steht sie ganz gerade da, bevor sie sich nach vorne bis zum Boden hinunterbeugt. Während sie niederkniet berühren nicht nur die Knie, sondern auch Stirn, Nase, Handflächen und die Zehenspitzen den Boden. Dann kommt sie hoch und setzt sich auf ihre Unterschenkel. Die Handflächen werden dabei auf den Knien abgelegt. Aylin dreht den Kopf nach rechts und dann nach links und murmelt dabei: „A-salamu alaikum wa rahmatu-llah". Den gesamten Bewegungsablauf wiederholt Aylin ein paar Mal. Irgendwann nickt sie Mila zu. „Mach doch mit!", fordert sie sie auf. Nachdem Mila sich vor dem Beten gewaschen hat, steht sie neben Aylin und macht ihr die Abläufe nach. Bald kann auch Mila die Reihenfolge der Bewegungen auswendig und muss dabei gar nicht mehr nachdenken.

KOHL VERLAG
Blick auf den Islam
Klasse 3/4 – Bestell-Nr. 13 088

3

Das Gebet

„Das war verrückt", meint Mila nach dem Beten. „Irgendwann habe ich die Bewegungen automatisch gemacht und auch den Text wie von alleine aufgesagt." „Was bedeutet er eigentlich?" „Friede sei mit euch und Gottes Gnade", übersetzt Aylin. „Betest du jeden Tag fünf Mal und jedes Mal so lange?", möchte Mila dann wissen. Aylin nickt. „Nicht immer so lange wie gerade mit dir, aber normalerweise mache ich mindestens einen Durchgang, jedes Mal, wenn der Muezzin ruft." Mila ist beeindruckt. Aylins ganzer Alltag dreht sich um ihre Religion. Das ist bei Mila nicht so. Für sie ist Religion eher eine Nebensache. Außerdem kann sie sich nicht vorstellen, wie man fünf Mal am Tag einen ruhigen Ort zum Beten finden kann „Wir haben kleine Gebetsteppiche, die wir überall mit hinnehmen können. Damit wir – auch wenn wir unterwegs sind – beten können." Aylin lächelt, „Komm mit! Ich möchte dir etwas zeigen". Mit diesen Worten steht sie auf und überreicht kurz darauf Mila eine Kette mit vielen bunten Kügelchen daran. Wenn wir beten wiederholen wir oft 33 Mal die Begriffe *Subhanallah* („Allah ist erhaben"), *Alhamdulillah* („Allah sei Lob und Dank"), und *Allahu Akbar* („Allah ist der Größte"). Damit wir nicht durcheinanderkommen, können wir dabei an der Gebetskette die einzelnen Perlen abzählen. Die Ketten bestehen nämlich meistens aus 33 oder sogar 99 Perlen. Manchmal sind es aber auch nur 11 oder 3." Nun lässt auch Mila Perle für Perle durch ihre Hand gleiten. „Die Gebetsketten werden in der Türkei auch Tesbih oder in anderen muslimischen Ländern Misbaha genannt. Manche Muslime sagen auch mit Hilfe der Kette die 99 Namen von Allah auf." Mila grinst. „Wow! Macht ihr auch noch etwas anderes als beten?" Nun muss auch Aylin grinsen. „Klar, du wirst schon sehen!", verspricht sie ihrer neuen Freundin.

Gebetschritte:

Stehen, Hände aufeinander, Verbeugung, Niederknien

3

Das Gebet

Beim Niederknien berühren nicht nur die Knie, sondern auch Stirn, Nase, Handflächen und die Zehenspitzen den Boden. **(Z)**

Man sitzt auf den Unterschenkeln und legt die Hände auf die Knie. **(I)**

Knapp oberhalb des Bauches wird die rechte Hand auf den linken Oberarm gelegt. **(U)**

Danach richtet man sich auf. **(Z)**

Verbeugung, bei der die Hände auf die Knie gelegt werden. **(E)**

Man dreht den Kopf nach rechts und dann nach links und spricht dabei: „A-salamu alaikum wa rahmatu-llah". **(N)**

Im Stehen hält man beide Hände – auf Höhe der Ohren – hoch. Dabei zeigen die Handflächen nach vorn. **(M)**

Aufgabe 3: *Bringe die Gebetsschritte oben in die richtige Reihenfolge. Du erhältst ein Lösungswort.*

Aufgabe 4: *Löse die Rebusrätsel. Du erhältst Worte rund um die Gebetskette. Ordne sie den Bedeutungen (rechts) zu. Du erhältst ein Lösungswort.*

SCHUBKARREN	2. weg, 3. weg, 6. -> H, 8. -> N, 9. -> A, 10. -> LL, 11. -> AH		Bezeichnung für Gebetskette **(E)**
TISCH	2. -> E, 4. -> BI		Allah ist der Größte **(B)**
ALARMANLAGE	2. -> LL, 4. -> H, 5. -> U, 7. -> K, 8. - > B, 10. weg, 11. -> R		Bezeichnung für Gebetskette **(E)**
STRAßENBAHN	MI vor dem Wort, 2.- 7. weg, 11. -> A		Allah ist erhaben. **(G)**
HAMBURGLAUF	AL vor dem Wort, 4. -> D, 6. -> LI, 7. -> L, 10. -> weg, 11. -> H		Allah sei Lob und Dank. **(T)**

Lösungswort: ______________________

Blick auf den Islam
Klasse 3/4 – Bestell-Nr. 13 088

3

Das Gebet

Al-Adil (der Gerechte)
Al-Alim (der Allwissende)
Al-Ali´ (der Hohe)
Al-Azim (der Großartige)
Al-Aziz (der Mächtige)
Al-Baqi´ (der ewig Währende)
Al-Basir (der Allsehende)
Al-Basit (der Gewährende)
Al-Ball (der Fußballstar)
Al-Dschabbar (der Unterwerfer)
Al-Dschalil (der Majestätische)
Al-Ghaffar (der Verzeihende)
Al-Hadi (der Führer)
Al-Hafiz (der Erhaltende)
Al-Hakim (der Allweise)
Al-Halim (der Nachsichtige)
Al-Hamid (der Preiswürdige)
Al-Haqq (die Wahrheit)
Al-Kabir (der Große)
Al-Karim (der Großzügige)
Al-Latif (der Edle)
Al-Madschid (der Glorreiche)
Al-Malik (der König)
Al-Matin (der Standhafte)
Al-Nafi´ (der Wohltäter)
Al-Nur (das Licht)
Al-Qadir (der Allvermögende)
Al-Rahim (der Barmherzige)
Al-Rahman (der Gnädige)
Al-Raschid (der Rechtleitende)
Al-Rocker (der Rockmusiker)
Al-Sabur (der Geduldige)
Al-Salam (der Friede)
Al-Samad (der Ewige)
Al-Sami´ (der Allhörende)
Al-Schahid (der Zeuge)
Al-Schakur (der Dankbare)
Al-Tristi (der Traurige)
Al-Wahhab (der Verleiher)
Al-Wahid (der Einzigartige)
Al-Wali (der beschützende Freund)
Ar-Rafi´ (der Erhöher)
Ar-Ra´uuf (der Mitleidsvolle)

Aufgabe 5: *In der Liste oben findest du einige der 99 Namen Allahs. Darunter sind drei, die nicht dazugehören. Welche sind es?*

Gebetskette

Das blaue Auge

Plötzlich entdeckt Mila in Aylins Wohnung eine schöne Wanddekoration. Sie hat die Form eines runden Wassertropfens und ist aus leuchtend blauem Glas. Aylin hat Milas Blick bemerkt. „Das blaue Auge soll uns vor dem bösen Blick beschützen und Neid und Hass vom Besitzer fernhalten", erklärt sie. „Es ist also ein Glücksbringer", hat Mila verstanden. Aylin nickt. „Es wird auch Nazar Boncugu genannt. Das bedeutet übersetzt „Blick-Perle". Eine andere Bezeichnung ist „Auge der Fatima". Fatima war die jüngste Tochter des Propheten Mohammed und die Frau vom Imam Ali. Es gibt das blaue Auge nicht nur als Wandbild, sondern auch als Kettenanhänger, Armband oder als Schlüsselanhänger." Mila gefällt das Symbol. „Ist es ein islamisches Zeichen?", fragt sie. Aylin schüttelt den Kopf. „Nicht direkt! Aber es ist in vielen islamischen Ländern verbreitet. Häufig lehnen es streng gläubige Muslime ab. Das Symbol ist übrigens schon sehr alt. Aus der Steinzeit stammende Augenperlen wurden südöstlich der heutigen Türkei gefunden. Und schon die alten Ägypter glaubten, dass ein Auge sie schützen konnte. Es wird mit dem ägyptischen Himmelsgott Horus in Verbindung gebracht. Im Osten der Türkei wurden zuerst blaue Augen aus Glas angefertigt, die die Handwerker schließlich nach Izmir brachten." Mila ist fasziniert, wie lange es diesen Volksglauben schon gibt. Das Nazar Auge scheint auch in anderen Mittelmeerländern eine Rolle zu spielen. Aylin zögert etwas bevor sie fortfährt. „Man sagt bei uns, dass Menschen mit blauen Augen einen unheilvollen Blick besitzen." Dann deutet sie auf das blaue Auge an der Wand. „Ein ebenfalls blaues Auge soll gegenwirken und den Besitzer schützen." Mila schaut ihre Freundin erschrocken an. Hoffentlich hat niemand in der Türkei Angst vor ihr. Denn sie hat auch blaue Augen. „Du brauchst dir keine Sorgen machen. Deshalb werden trotzdem alle nett zu dir sein", versichert ihr Aylin. Mila lächelt. „Eigentlich braucht ihr das Nazar Auge hier kaum. Es haben doch fast alle Türken braune Augen." Aylin nickt. „Stimmt! Aber es ist einfach eine schöne Tradition!"

Blick auf den Islam
Klasse 3/4 – Bestell-Nr. 13 088
KOHL VERLAG

Das blaue Auge

Aufgabe 6: *Gestalte das Ausmalbild!*
Von innen nach außen benötigst du die folgenden Farben:
Schwarz oder Dunkelblau, Hellblau, Weiß und Dunkelblau.

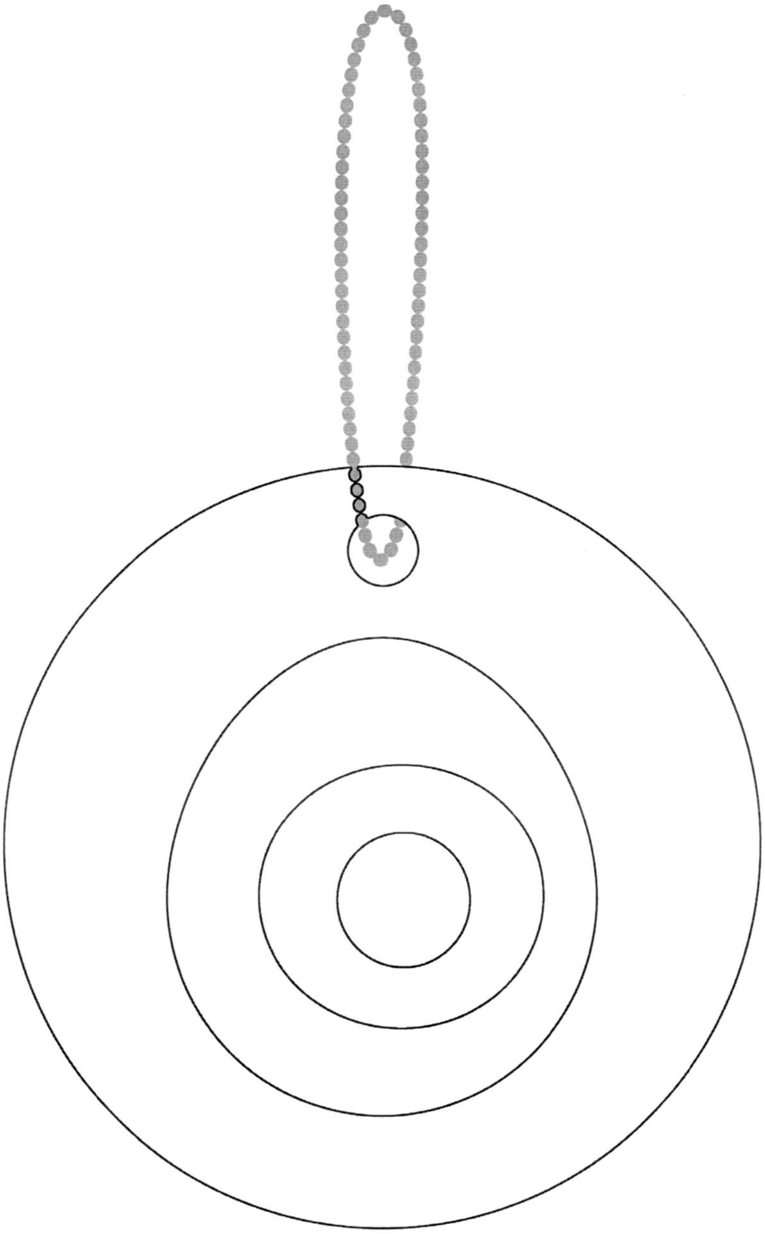

Der Koran

Erst jetzt fällt Mila auf, dass auf dem Tisch unter dem blauen Auge ein Buch liegt. Es liegt aufgeschlagen auf einer Halterung. „Das ist der Koran", erklärt ihr Aylin. Mila hat gehört, dass der Koran Alkohol und Schweinefleisch verbietet. Ansonsten weiß sie aber nicht viel über die heilige Schrift der Muslime. „Erzähl mir etwas über den Koran!" Aylin nickt. „Gerne! Das Wort *Koran* ist arabisch und bedeutet „Lesung" oder „Vortrag". Im Jahr 610 n. Chr. erschien dem Propheten Mohammed in einer Februarnacht in einer Höhle in Arabien der Engel Gabriel. Dieser offenbarte Mohammed den Koran. Die Muslime glauben, dass Allah Mohammed die Worte dabei direkt ins Herz geschrieben hat. Da Mohammed nicht schreiben konnte, diktierte er die Worte Gottes seinen Freunden auf Arabisch. Es dauerte 22 Jahre, bis alle 114 Suren mit insgesamt 6236 Versen (Ayat genannt) aufgeschrieben worden waren." Mila unterbricht ihre Freundin. „Was ist eine Sure?" „Ein Kapitel! Vor allem die erste Sure des Koran hat eine besondere Bedeutung. Sie wird Fatiha genannt. Das bedeutet: Eröffnung. Sie wird täglich gebetet." Wieder fragt Mila nach: „Worum geht es in der ersten Sure?" Aylin denkt einen Moment nach. „Der Text ist eigentlich auf Arabisch, aber ich übersetze ihn dir." Mila wartet gespannt, bis Aylin mit ihrem Vortrag beginnt:

„Im Namen Gottes, des Gnädigen und Barmherzigen.

Gelobt sei Gott, der Herr der Welten, der Gnädige und Barmherzige und König des jüngsten Tages.

Dir dienen wir und dich bitten wir um Hilfe.

Führe uns den geraden Weg, den Weg derjenigen, denen du gnädig bist und nicht derjenigen, über die du zornig bist. Aber auch nicht den Weg derjenigen, die sich geirrt haben."

Blick auf den Islam
Klasse 3/4 – Bestell-Nr. 13 088

5

Der Koran

Aylin schaut Mila triumphierend an und verkündet dann stolz: „Ich kann noch mehr Suren auswendig. Das habe ich in der Koranschule gelernt. Dorthin können wir freiwillig gehen und uns über den Koran unterrichten lassen. Wenn man den ganzen Koran gelernt hat, wird man übrigens als „Hafiz" bezeichnet."

Mila ist beeindruckt. Soweit sie weiß kann niemand die Bibeltexte auswendig aufsagen.

Aylin erklärt weiter: „Auch in den anderen Suren wird die Einzigartigkeit Allahs beschrieben. Der Koran enthält Predigten, Erzählungen und Geschichten, die vom gesellschaftlichen und religiösen Leben zu Zeiten Mohammeds handeln." Das erinnert Mila an die Bibel. Außerdem scheint Mohammed ein wichtiger Prophet für die Muslime zu sein. Mila vermutet, dass er eine ähnliche Bedeutung hat wie Jesus für die Christen. „Glaubt ihr auch an Jesus?", fragt Mila Aylin. „Jein!", antwortet Aylin. „Wir glauben, dass Jesus ein Prophet war, aber nicht Gottes Sohn. Für uns gibt es nur einen Gott, nämlich Allah. Und er ist einfach nur Allah und nicht wie euer Gott Vater, Sohn und Heiliger Geist gleichzeitig." Aylin fährt fort. „Wusstest du, dass sich der Islam und das Christentums auf die gleichen Erzählungen im Alten Testament beziehen?" Mila kennt einige Geschichten aus der Bibel, aber sie wusste nicht, dass für die Muslime die gleichen Erzählungen eine Rolle spielen. Deshalb schüttelt sie den Kopf. „Kennst du die Geschichte von Abraham?", fragt Aylin nun. Mila nickt. „Klar! Abraham und seine Frau konnten zunächst keine Kinder bekommen. Doch als Gott ihnen trotzdem viele Kinder verspricht, wird Abrahams Frau schwanger. Damit Abraham Gott zeigen kann, wie sehr er ihn liebt, bittet Gott Abraham, seinen Sohn zu opfern. Abraham gehorcht. Doch Gott verhindert die Tat im letzten Moment!" Aylin nickt. „Die Geschichte steht für uns für die völlige Hingabe zu Gott! Abraham heißt im Islam übrigens Ibrahim."

Mila und Aylin stellen fest, dass es noch viele weitere Personen gibt, die in beiden heiligen Schriften eine Rolle spielen: z. B. Moses, Zacharias, Maria, die Mutter von Jesus, und Johannes, der Täufer.

Der Koran

Mila ist überrascht, dass es so viele Geschichten gibt, die sowohl Christen als auch Muslimen vertraut sind. „Außerdem enthält der Koran Anweisungen an die Muslime", erklärt Aylin. „Der Mensch soll sich dem einzig wahren Gott Allah unterwerfen und hingeben und sich den islamischen Geboten entsprechend verhalten." Mila nickt. Denn davon hat sie schon gehört. „Du meinst die fünf Säulen des Islam, oder?" Aylin nickt.

Aufgabe 7: *Welche Aussage (links) passt zum Islam, welche zum Christentum?*

	Islam	Christentum
Es gibt nur einen Gott.		
Mohammed ist der wichtigste Prophet.		
Basis für die Religion bietet eine heilige Schrift.		
Die Geschichten von Abraham und Moses sind in der heiligen Schrift zu finden.		
Jesus ist Gottes Sohn.		
Die heilige Schrift besteht aus 114 Suren.		
Man wird als Hafiz bezeichnet, wenn man die heilige Schrift auswendig kennt.		
Gott ist Vater, Sohn und Heiliger Geist.		
Der Name der heiligen Schrift bedeutet Lesung oder Vortrag.		

Aufgabe 8:

Ordne die Sätze der Reihe nach. Dabei entsteht die Geschichte von Abraham. Du erhältst ein Lösungswort.

Ibrahim

Sarah wird schwanger. (R)

Gott verhindert im letzten Moment, dass Isaak getötet wird. (M)

Der Sohn Isaak kommt zur Welt. (A)

Gott verspricht Abraham und seiner Frau Sarah viele Kinder. (B)

Gott bittet Abraham seinen Sohn Isaak zu opfern. (H)

Abrahams Frau Sarah kann keine Kinder bekommen. (I)

Abraham ist bereit seinen Sohn Isaak zu opfern. (I)

Blick auf den Islam
Klasse 3/4 – Bestell-Nr. 13 088
KOHL VERLAG

6

Die fünf Säulen des Islam

Mila vergleicht die fünf Säulen für sich mit den zehn Geboten, die Moses auf die Steintafeln schrieb. Sie weiß, dass diese christlichen Regeln ein wichtiger Teil der Bibel sind. Und sie vermutet, dass es sich auch bei den fünf Säulen des Islam ebenfalls um moralische Verhaltensregeln handelt. Aylin erklärt ihr die fünf Grundsätze ihres Glaubens bzw. die Grundpflichten der Muslime:

Glaubensbekenntnis *Schahāda*	**Rituelles Pflichtgebet** *Salāt*	**Fastenzeit** *Saum*	**Almosen** *Zakāt*	**Wallfahrt** *Haddsch*
Bekenntnis zum Glauben an den einen Gott Allah und zum Propheten Mohammed	fünf Mal am Tag (bei Sonnenaufgang, mittags, spätnachmittags, bei Sonnenuntergang und bei Einbruch der Nacht)	Fasten im Monat Ramadan, tagsüber ist Essen u. Trinken verboten	Spenden für die Armen	*Pilgerreise nach Mekka, mindestens einmal im Leben*

Fastenmahl

Almosen

Wallfahrt, Steinwurf

Kaaba, Kuss von Pilgerer

„Eigentlich ist das bei uns Christen ganz ähnlich", meint Mila nach kurzem Nachdenken. „Auch im Christentum spielen Wallfahrten eine Rolle. Allerdings pilgern wir nicht nach Mekka, sondern eher nach Jerusalem, Lourdes oder Santiago de Compostela. Auch in der Bibel steht, dass regelmäßig Almosen an die Armen gegeben werden sollen, und auch im Christentum gibt es vor Ostern und vor Weihnachten Fastenzeiten. Diese werden allerdings nicht so streng genommen wie bei euch. Bei uns Christen gibt es kein Pflichtgebet und wir beten auch nicht fünf Mal am Tag zu bestimmten Zeiten. Aber wir haben auch ein Glaubensbekenntnis und das Gebet „Vater unser", das wir regelmäßig im Gottesdienst sprechen.

6

Die fünf Säulen des Islam

Mila findet es total spannend, Aylins Religion mit ihrer eigenen zu vergleichen.

„Was hältst du davon, wenn ich dich morgen in die Moschee mitnehme?", fragt Aylin plötzlich. Mila ist begeistert. „Das wäre super!", versichert sie Aylin. Auch Aylin freut sich. „Dann backen wir jetzt endlich unsere Baklava."

Aufgabe 9: *Löse die Rebus-Rätsel. Du erhältst ein Lösungswort, wenn du den gefundenen Begriffen die richtige Bedeutung (rechte Spalte) zuordnest.*

MUSCHEL	1.-> H, 2.-> ADD, 6. und 7. weg		Pflichtgebet (E)
SPAGAT	1.-> Z, 2. weg, 4. -> K		Fasten (F)
QUADRAT	1.weg, 2.-> S, 4. -> L, 5. weg		Almosen (U)
SCHAFHERDE	5. weg, 7. -> A, 8. weg, 10. -> A		Wallfahrt (F)
TRAUM	1. -> S, 2. weg		Glaubens-bekenntnis (N)

Lösungswort: ______________________

Blick auf den Islam
Klasse 3/4 – Bestell-Nr. 13 088
KOHL VERLAG

7

Der Fastenmonat Ramadan

Schon bald duftet es im Haus nach frisch gebackener Baklava. „Mmmh, riecht das lecker!", findet auch Aylin und schaut auf die Uhr. „Oh nein, es dauert noch ewig bis ich sie endlich essen darf." Mila schaut sie verwundert an. „Es ist gerade Ramadan", erklärt Aylin. „30 Tage lange dürfen wir tagsüber weder essen noch trinken." Mila ist überrascht, wie streng Aylin sich an diese Vorgaben zu halten scheint. „Gibt es nicht viele Ausnahmen?", fragt Mila. „Ich dachte, dass man nicht fasten muss, wenn man zum Beispiel noch ein Kind ist, körperlich arbeitet oder schwanger ist." Aylin nickt. „Es gibt noch mehr Gründe, um von der Fastenpflicht befreit zu sein: Reisende, stillende Mütter oder Frauen, die gerade ihre Regelblutung haben, Kranke, Altersschwache", zählt Aylin auf. „Trotzdem nehmen viele, die eigentlich nicht fasten müssten, den Ramadan sehr ernst und fasten trotzdem mit. Ansonsten kann man das Fasten aber auch später nachholen. Dann verlängert sich allerdings die Fastenzeit." Mila ist beeindruckt. Sie selbst hält es kaum ein paar Stunden ohne Essen aus. „Ich glaube ich hätte nicht genug Disziplin, das einen Monat lang durchzuziehen." Aylin grinst. „So schlimm ist das nicht, vor allem, weil die ganze Familie und der ganze Freundeskreis mitfasten. Und abends trifft man sich nach Einbruch der Dunkelheit, um sich gemeinsam auf viele Leckereien zu stürzen. Das nennen wir *Fastenbrechen* oder *Iftar*. Willst du heute Abend dabei sein?" fragt Aylin sie. „Nach Sonnenuntergang speisen wir hier mit der ganzen Familie. Außerdem stehen wir während des Ramadans immer sehr früh auf, um uns für den anstehenden Tag zu stärken. Essen und trinken dürfen wir laut Koran nur solange, bis man in der Morgendämmerung einen weißen von einem schwarzen Faden unterscheiden kann." Dann ist es noch fast dunkel, überlegt Mila. Vor allem mag sie nicht darüber nachdenken, wie viele Stunden die Muslime ohne Nahrung auskommen müssen. Gerade jetzt im Sommer, wenn die Tage sehr lang sind, muss das sehr anstrengend sein. „Der Ramadan ist zum Glück nicht immer im Sommer", erklärt Aylin, die Milas Gedanken anscheinend gelesen hat. „Der Ramadan ist der neunte Monat im islamischen Jahr. Dieses orientiert sich nach den Mondphasen und ist kürzer als euer Jahr. Deshalb verschiebt sich der Ramadan und findet somit immer zu unterschiedlichen Jahreszeiten statt. Erinnert werden soll daran, dass Mohammed im Jahr 610 der Koran übermittelt wurde. Die Fastenzeit gilt auch als Zeit der inneren Einkehr und des sozialen Engagements. Die Muslime zahlen nun normalerweise auch die Armensteuer Zakat."

Der Fastenmonat Ramadan

Mila traut sich endlich die Frage zu stellen, über die sie schon die ganze Zeit nachdenkt: „Wieso fastet ihr überhaupt?" Statt Mila zu antworten, muss Aylin erstmal gähnen. „Tut mir leid!", sagt sie. „Ich bekomme im Moment einfach zu wenig Schlaf." Mila ahnt, dass Aylin Nacht für Nacht spät schlafen geht und immer sehr früh aufstehen muss, damit sie nur im Dunkeln isst und trinkt. Nun erklärt Aylin, wieso die Muslime tagsüber ganz auf Nahrung verzichten: „Wir wollen Allah zeigen, dass uns unsere Hingabe an ihn wichtiger ist, als unsere menschlichen Bedürfnisse. Im Arabischen heißt *Fasten Saum* und beschreibt die Reinigung von Herz und Seele. Aylin sieht auf einmal sehr schwach aus und lässt sich aufs Sofa fallen. „Wenn es so heiß ist und ich lange nichts getrunken habe, wird mir manchmal schwindelig". Für Mila ist das kein Wunder. Trotzdem mag sie ihre Freundin nicht überreden, ein paar Schlucke Wasser zu trinken. Stattdessen verbringen die beiden einen ruhigen Nachmittag, warten darauf, dass die Baklava fertig gebacken sind und endlich die Sonne untergeht.

Aufgabe 10: *Suche nach den richtigen Aussagen. Du erhältst ein Lösungswort.*

1. Von der Fastenpflicht befreit sind alle Frauen. (R)
2. Während des Ramadans zahlen die Muslime auch die Armensteuer Zakat. (I)
3. 30 Stunden darf nicht gegessen und getrunken werden. (A)
4. Grund für das Fasten ist die Hingabe zu Allah, die größer ist als die menschlichen Bedürfnisse. (F)
5. Im Arabischen heißt 'Fasten' 'Saam'. (S)
6. Die Fastenzeit findet immer im Sommer statt. (M)
7. Während des Ramadans kann man ausschlafen. (E)
8. Der Ramadan erinnert daran, dass Mohammed der Koran offenbart wurde. (T)
9. Das islamische Jahr ist etwas kürzer als das christliche Jahr. (A)
10. Das islamische Jahr orientiert sich an den Mondphasen. (R)
11. Der Ramadan ist der siebte Monat im islamischen Jahr. (N)

Lösungswort: ____________________

Blick auf den Islam
Klasse 3/4 – Bestell-Nr. 13 088

7

Der Fastenmonat Ramadan

Als es bereits dämmert, kehren nach und nach Aylins Eltern und ihre Geschwister nach Hause zurück. Aylin und Mila decken den Tisch im Wohnzimmer. In der Zwischenzeit kocht die Mutter eine rote Linsensuppe. „Das riecht aber lecker!", findet Mila. „Danke!", antwortet Aylins Mutter lächelnd. „Die Suppe heißt Mercimek." Aylin hat sich wieder auf das Sofa fallen lassen. „Wenn es schon so lecker riecht, ist es manchmal kaum auszuhalten. Ich bin total ausgehungert!" Aylins Vater packt eine Einkaufstasche aus, in der sich Teigtaschen befinden. „Börek!", erklärt er, als er Milas neugierigen Blick bemerkt. „Die Taschen sind entweder mit Spinat oder mit Hackfleisch, Kartoffeln und Käse gefüllt." Währenddessen hat Aylins Mutter die Suppe auf den Tisch gestellt und den Fernseher eingeschaltet. Endlich verschwinden die letzten Sonnenstrahlen und auch im Fernsehen wird der Tag beendet und damit das Fastenbrechen eingeleitet. Gierig stürzt sich die ganze Familie auf das Essen. Mila, die weniger hungrig ist, da sie nicht gefastet hat, ist die einzige am Tisch, die langsam und ruhig ihre Suppe löffelt. Alle anderen essen so schnell, dass Mila sich wundert, dass sich niemand verschluckt. Erst als alle Speisen fast aufgegessen wurden, wird es ruhiger. „Darauf haben wir den ganzen Tag gewartet", sagt Aylin grinsend. Sie sieht fast erleichtert aus, dass die vielen Stunden ohne Essen und Trinken endlich vorbei sind. Aber bis zum Zuckerfest folgen noch viele weitere, anstrengende Tage.

In der Moschee

Aylin begrüßt Mila am nächsten Tag mit „Salam aleikum". Mila ist überrascht. „Das ist doch arabisch, oder?" Aylin nickt. „Ich spreche eigentlich kein arabisch. Aber so begrüßen wir Muslime uns manchmal. Es bedeutet: Friede sei mit dir!"

Schon bald hat Mila sich mit einem schönen roten Kopftuch, das Aylin ihr geschenkt hat, verschleiert. Nur ihre blauen Augen verraten, dass sie wahrscheinlich keine Türkin ist. „Toll siehst du aus! Das Kopftuch steht dir gut. Wenn du mir alles nachmachst, wird es niemandem auffallen, dass du keine Muslimin bist", meint Aylin zufrieden.

Die beiden Mädchen verlassen das Haus und laufen zur Moschee, die nur wenige Straßen weiter liegt. Auf dem Weg erklingt der Ruf des Muezzins. Je näher sie kommen, desto lauter wird der Gesang. Neben ihnen nähern sich viele Männer und verschleierte Frauen der Moschee. Die Moschee scheint für das Freitagsgebet, das Muslime normalerweise in Gemeinschaft beten, ein beliebter Treffpunkt zu sein.

Bald taucht vor Mila und Aylin eine große Kuppel auf, die von zwei sehr schmalen Türmen, den Minaretten, eingerahmt wird. „Hier ist unser Glaube zuhause. Hier treffen sich die Muslime zum Beten und um den Koran zu studieren." Vor dem Eingang ziehen alle ihre Schuhe aus und waschen Kopf, Hände und Füße. Während Mila Aylin alles nachmacht, fragt sie sich, ob es jemandem auffällt, dass sie all dies zum ersten Mal macht.

„Wir waschen uns, weil jeder mit reinem Herzen vor Gott treten soll. Vor jeder Moschee gibt es deshalb einen solchen Bereich mit Brunnen und Wasserhähnen. Er wird Wudu genannt", erklärt Aylin.

Blick auf den Islam
Klasse 3/4 – Bestell-Nr. 13 088
KOHL VERLAG

8

In der Moschee

„Komm, wir müssen hier entlang!" Aylin schaut sich um. In der Moschee gibt es viele Verzierungen, aber nicht wie in der Kirche Bilder von Menschen oder Tieren. Während sich die Männer unterhalb der Kuppel zusammenfinden, treffen sich die Frauen in einem weiteren Saal. Mila fällt eine Art Kanzel auf. „Das ist eine Minbar", erklärt ihr Aylin flüsternd. „Dort steht der Imam etwas erhöht. Imam bedeutet Vorsteher, Anführer, Vorbild, aber auch Richtschnur. Er ist der Vorbeter, liest aus dem Koran vor und hält manchmal Ansprachen." Wie eine Predigt, überlegt Mila. Aylin deutet auf eine Wand. „Das ist die Qibla-Wand. Sie zeigt uns, in welcher Richtung Mekka liegt. Denn genau in die Richtung wird gebetet." Kurz darauf betreten sie einen kleineren Raum, der offensichtlich der Gebetsraum für die Frauen ist. Aus einer Kiste am Eingang nehmen sie sich jeweils einen kleinen Gebetsteppich heraus. Dann suchen sie sich zwischen mehreren schon wartenden Frauen einen Platz. Plötzlich fühlt Mila sich etwas unwohl und kommt sich wie ein verkleideter Eindringling vor. Doch Aylin lächelt ihr aufmunternd zu und allen anderen Moscheebesucherinnen scheint nicht aufzufallen, dass Mila keine Muslimin ist. Schließlich beginnt die Vorbeterin mit den gleichen Bewegungsabläufen, die Aylin Mila bereits bei ihr zuhause gezeigt hat. Gemeinsam mit der ganzen Gruppe fällt Mila auf die Knie und spricht das Gebet. Schon nach ein paar Minuten geht alles automatisch. Mila muss weder über den Text noch über die Bewegungen nachdenken.

Als Mila mit Aylin später die Moschee verlässt, fühlt sie sich seltsam entspannt. „Wollen wir uns vielleicht in dem kleinen Park dort in den Schatten setzen?", fragt Mila. Aylin ist einverstanden. „Das war ein bisschen wie meditieren", meint Mila, als die beiden mit Blick auf die Moschee einen Platz gefunden haben. „Wir beten, um mit Gott in Kontakt zu kommen", erklärt Aylin. „Ich habe auch immer das Gefühl, dass ich nach dem Gebet sehr ruhig bin und diese Ruhe und die Verbundenheit mit Gott mit in den Alltag nehme." Mila ist immer wieder überrascht, wie viel Zeit Aylin mit religiösen Dingen verbringt. Das scheint ihr aber sehr gut zu tun. Aylin wirkt bescheidener und gelassener als viele Christen, die oft einen eher stressigen Alltag haben.

8

In der Moschee

Milas Blick fällt auf den Halbmond aus Metall, der über der Kuppel der Moschee thront. Er glitzert im Sonnenlicht und blendet Mila ein bisschen. Sie weiß, dass der Halbmond ein Symbol für den Islam ist und fragt sich welche Bedeutung die Mondsichel hat.

Aufgabe 11: *Kreise alle Begriffe, die zum Islam gehören, rot ein und alle Begriffe, die zum Christentum gehören, blau ein. Ordne jeweils einem Islam-Begriff einen Christentum-Begriff zu und verbinde die Wörter dazu mit einem Lineal.*

Minarett

Muezzin

Mohammed

Pastor/Priester

Koran

Kirche

Imam

Moschee

Bibel

Jesus

Kirchenglocken

Kirchturm

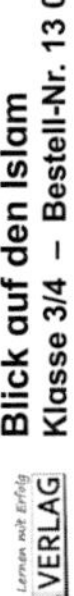

Der Halbmond

Während die beiden Mädchen den im Sonnenlicht leuchtenden Halbmond betrachten, erklärt Aylin Mila dessen Bedeutung. „Die Mondsichel gilt als Symbol des Islam und wird als *Hilal* (arabisch) bezeichnet." Mila denkt an das Kreuz, das Symbol der Christen. „Für die Christen ist das Kreuz das Symbol ihrer Religion", erzählt sie Aylin. „Eigentlich hat der Halbmond keine religiöse Bedeutung und kann deshalb nicht direkt mit dem Kreuz im Christentum verglichen werden", meint Aylin dazu. „Das osmanische Reich lag früher auf dem Gebiet der heutigen Türkei. Dem Gründer dieses Reiches erschien im Traum eine Mondsichel, die die Erde umspannte. Daraufhin übernahm er sie als Symbol für das islamische Reich.

Die Neumondsichel spielt eine wichtige Rolle für die Bestimmung des Ramadanbeginn und für den Zeitpunkt für die Wallfahrt nach Mekka. Das Halbmond-Symbol steht für die geografische Ausdehnung des Islams, ist auf Minaretten und Moscheekuppeln zu finden und ist auf Flaggen unterschiedlicher Nationalstaaten abgebildet. In islamischen Ländern nutzen medizinische Ambulanzen einen roten Halbmond als Erkennungszeichen und das Symbol ist ebenfalls auf deren Erste-Hilfe-Kästen zu finden."

Aufgabe 12: *Ordne Fragen und Antworten zu.*

Fragen
Wie heißen die Türme der Moschee, die oftmals mit einem Halbmond verziert sind?
Wofür ist der Halbmond ein Symbol?
Auf welchem Teil der Moschee gibt es oft einen Halbmond?
Auf diesem Stück Stoff ist der Halbmond zu finden.
Wie wird der Halbmond genannt?
Was wurde nach dem Mondjahr entwickelt?

Kuppel	(C)
Flagge	(H)
Minarett	(S)
Kalender	(L)
Osmanisches Reich	(I)
Hilal	(E)

Lösungswort: ____________________

Das Zuckerfest

Die Fastenzeit nähert sich dem Ende und es ist eine gewisse Aufregung in Aylins Familie zu spüren. Wie bei Mila zuhause in der Vorweihnachtszeit werden viele Vorbereitungen für die Feier getroffen. „Willst du dabei sein, wenn wir das Zuckerfest feiern?", möchte Aylin wissen. Mila freut sich riesig über die Einladung. „Super, danke!", ruft sie. „Wann genau findet das Zuckerfest denn statt?", fragt sie nach. Mila ist überrascht, als sie erfährt, dass das Fest drei Tage dauert. „Du wirst sehen, es ist toll für uns nach einem Monat fasten endlich wieder so viel essen zu können, wie wir wollen, egal zu welcher Tageszeit. Wir nennen das Zuckerfest auch Eid al-Fitr (Fest des Fastenbrechens), Ramazan Bayramı oder Şeker bayramı. Das ist Türkisch und Şeker bedeutet Zucker."

Als Mila am Tag des Zuckerfestes an Aylins Tür klopft, hört sie schon durch die geschlossene Tür Stimmen und Gelächter. Schließlich öffnet ihr Aylin. „Bayramn mübarek olsun", begrüßt sie Mila. „Das bedeutet *Alles Gute zum Zuckerfest*! Auf Arabisch heißt es: Eid Mubarak." Mila weiß, dass Aylin und ihre Eltern und Geschwister bereits kurz nach Sonnenaufgang gemeinsam ein Gebet gesprochen haben und danach zusammen auf dem Friedhof waren, um die Gräber von Aylins Urgroßeltern zu besuchen. In der Wohnung riecht es schon beim Hereinkommen sehr lecker. „Wir haben wieder frische Baklava gebacken", verkündet Aylin. Weitere süße Gebäcke und viele weitere Speisen stehen auf dem Tisch. Die ganze Wohnung ist geschmückt. Um den niedrigen Tisch im Wohnzimmer sitzen Aylins Eltern, Tanten und Onkel, die Großeltern und die Cousins und Cousinen auf dem großen Teppich eng zusammen. Immer wieder werden Süßigkeiten verteilt und es gibt sogar kleine Geschenke für die Kinder. Auch Aylin überreicht Mila ein kleines Geschenk. In dem glitzernden Papier befindet sich ein besonders schönes *Blaues Auge*.

Blick auf den Islam
Klasse 3/4 – Bestell-Nr. 13 088
KOHL VERLAG

10

Das Zuckerfest

Die ganze Familie trägt Festkleidung. Vor allem Aylin ist sehr schick und trägt ein hübsches, buntes, langes Kleid. „Das ist ein bisschen wie bei uns Weihnachten! Denn dann feiern wir auch mit der Familie, mit gutem Essen, Süßigkeiten und Geschenken", meint Mila zufrieden. Aylin stimmt ihr zu. „Ich glaube auch, dass man die beiden Feste miteinander vergleichen kann, obwohl die Hintergründe ganz verschieden sind. Ihr feiert die Geburt von Jesus und wir das Ende der Fastenzeit. Jedenfalls ist das Zuckerfest für uns Kinder das wichtigste Fest im ganzen Jahr. Deshalb haben wir heute auch schulfrei. Für Kinder finden heute viele Konzerte und Theateraufführungen statt. Aber wir feiern Bayram eigentlich immer zuhause mit der Familie." Mila wird zu den anderen an den Tisch geführt. Sie findet es schade, dass sie die Gespräche nicht versteht. Trotzdem hat sie das Gefühl dazuzugehören, obwohl sie weder Muslimin, noch Teil der Familie ist. Nach und nach probiert Mila von den leckeren Süßigkeiten, die zum Teil selbstgebacken sind und Aylin stellt ihr ihre Familie vor. Stundenlang wird zusammen gelacht und gegessen. Erst am Abend verabschieden sich die ersten Gäste und auch Mila geht zurück ins Hotel zu ihren Eltern. „Vielen Dank!" sagt sie zu Aylin und ihren Eltern. „Das war für mich ein bisschen wie Weihnachten im Sommer!"

EA **Aufgabe 13**: *Ergänze den Lückentext.*

Der Fastenmonat ____________________ endet in der Türkei mit dem Zuckerfest, das auch ____________________ genannt wird. Es dauert __________ Tage. ____________________ bedeutet „Alles Gute zum Zuckerfest" und ist ____________________. Es gibt Süßigkeiten und ________________ für die Kinder. Die Muslime feiern das Fastenbrechen mit der ________________ und müssen an diesem Tag nicht zur ____________________ gehen, da es sich um einen gesetzlichen Feiertag handelt.

10

Das Zuckerfest

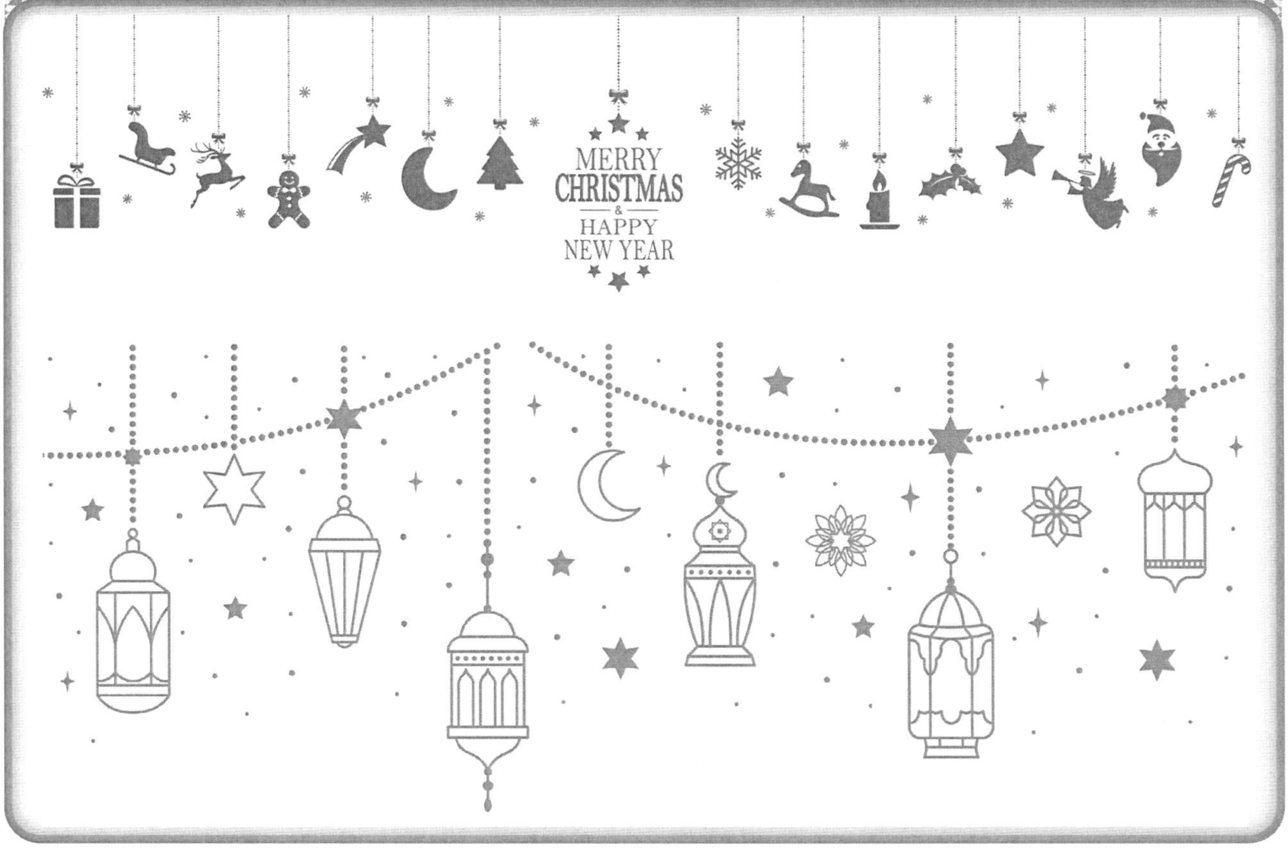

MERRY CHRISTMAS & HAPPY NEW YEAR

Aufgabe 14: *Vergleiche.*
Was passt zu welchem Fest?

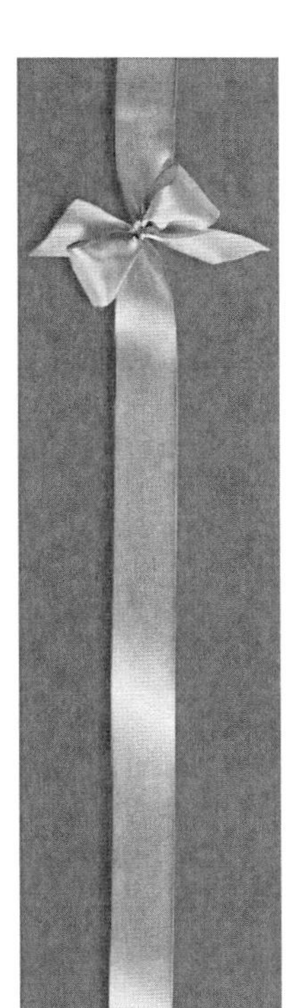

	Zuckerfest	Weihnachten
Fastenbrechen		
Geschenke		
Familienfeier		
Geburt von Jesus		
Friedhofsbesuch		
Dauer: 3 Tage		
schulfrei		
Süßigkeiten		
24., 25. und 26. Dezember		

Blick auf den Islam
Klasse 3/4 – Bestell-Nr. 13 088

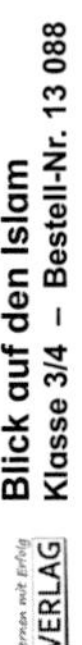

11

Das Opferfest

„Danke nochmal, dass ich beim Zuckerfest dabei sein durfte", sagt Mila am nächsten Tag zu Aylin. „Feiert ihr noch mehr religiöse Feste?" Aylin nickt.

„Du hast bestimmt schon vom Opferfest gehört, oder? Es heißt „Eid al-Adha" und beginnt am 10. Tag des letzten Monats im islamischen Kalender. Es dauert 4 Tage und wir gedenken dabei Abraham." Mila erinnert sich an die Geschichte, die sie aus der Bibel kennt: Abraham und seine Frau Sarah wünschen sich Kinder. Doch lange geht dieser Wunsch nicht in Erfüllung. Als Gott dem Paar Kinder verspricht, wird Sarah kurz darauf schwanger. Gott fordert Abraham auf, seinen Sohn Isaak als Opfergabe zu töten, verhindert die Tötung jedoch im letzten Moment. „So wie in der Geschichte von Abraham und seinem Sohn geht es auch beim Opferfest um die Hingabe und das Vertrauen des Menschen zu Gott", erklärt Aylin. Deshalb gehört zum Fest ebenfalls eine Opfergabe. Normalerweise wird ein Schaf, eine Ziege, ein Kamel oder ein Rind geschlachtet. Ein Teil des Tieres wird an Bedürftige gespendet." Mila grinst. „Ich weiß schon, was ihr zur Feier des Tages esst." Aylin schüttelt den Kopf. „Es gibt wirklich nicht nur Fleisch, sondern auch Gemüse, Salat und Pilav." Mila sieht Aylin fragend an. „Was ist Pilav?" „Ein Reisgericht, das aus Baldo-Reis (runde Körner) und Arpa Sehriye (Reisnudeln) zubereitet wird. Dazu kommen Butter und Essig." „Mmh", macht Mila. „Das klingt lecker." Aylin nickt. „Vor allem das Dessert, eine Apfelsüßspeise, schmeckt toll. Aber es dreht sich nicht alles nur ums Essen. Das Opferfest dauert vier Tage. Wir gehen in die Moschee, lesen im Koran und es gibt sogar Geschenke." „Wie ein zweites Mal Weihnachten!", murmelt Mila. „Das Opferfest ist übrigens auch der Höhepunkt der Pilgerreise nach Mekka." Davon hat Mila schon gehört. Trotzdem kann Aylin ihr bestimmt noch viel mehr dazu erzählen.

1

Das Opferfest

Beim Opferfest erinnern die Muslime an Mohammed. Es geht dabei um die völlige Abhängigkeit zu Gott. Zum Fest gehört ein Lied fest dazu. Geschlachtet wird normalerweise ein Schwein. Gegessen werden Fleisch, Gemüse und Klöße. Pilav ist eine Nudelspeise. Man gibt sich gegenseitig Gedichte. Außerdem lesen die Muslime in der Bibel. Das Opferfest ist Höhepunkt der Pilgerreise nach Jerusalem.

EA **Aufgabe 15**: *Finde die Fehler in dem Text oben! Denn jeweils ein Wort in jedem Satz muss durch ein anderes Wort ersetzt werden.*

Blick auf den Islam
Klasse 3/4 – Bestell-Nr. 13 088
KOHL VERLAG

Weitere muslimische Feste

„Gibt es noch mehr Feste, die ihr jedes Jahr feiert?", fragt Mila. Aylin nickt und zählt auf:

- **Neujahr:** Der Islam hat einen eigenen Kalender. Es gibt ebenfalls 12 Mondmonate. Aber das Jahr hat bei uns nur 354 Tage. Der Neujahrstag wird mit Süßigkeiten und Erzählungen vom Propheten Mohammed am 1. Tag des 1. Monats – Muharram genannt – gefeiert. Es soll eine Erinnerung an Mohammeds Flucht nach Medina sein.
- **Aschura:** Der zehnte Tag im Jahr, der 10. Muharram, ist ein besonderer Feiertag für die Schiiten, eine besondere muslimische Glaubensgruppe. Zum Gedenken des Todes von Mohammeds Enkel Hussain finden Prozessionen und Versammlungen statt. Hussain starb in der Schlacht von Kerbela im heutigen Irak. Auch viele Sunniten feiern Aschura. Für sie ist es ein fröhliches Fest, weil Noah mit seiner Arche an diesem Tag endlich wieder Land erreichte.
- **Mohammeds Geburtstag:** Der 12. Tag des dritten Monats Rabi wird als Geburtstag von Mohammed gefeiert. Dazu werden in Moscheen oftmals Kerzen und Lichter aufgestellt und es finden Feuerwerke und Fackelzüge statt. Es handelt sich allerdings nicht um einen zentralen muslimischen Feiertag.
- **Beschneidung:** Die Beschneidung der Penisvorhaut wird oft als großes Familienfest gefeiert und soll einen Bund zu Gott herstellen. Sie beginnt mit einem Moscheebesuch. Die Jungen sind entweder erst ein paar Tage oder schon mehrere Jahre alt, sodass sie schon lesen können und den ersten Religionsunterricht hatten. Sie werden durch die Stadt geführt, bevor die Operation von einem Arzt oder einem Beschneider durchgeführt wird. Mädchen werden nicht beschnitten.

Weitere muslimische Feste

„Wie heiraten Muslime eigentlich?", fragt sich Mila. Aylin antwortet: „Ich glaube, dass ist so ähnlich wie bei euch Christen. Laut Koran sind Männer und Frauen als Menschen zwar gleichwertig, aber trotzdem keine gleichberechtigten Ehepartner. Die Frau ist ihrem Mann unterlegen." Mila ist froh, dass dies bei den Christen anders ist. Dort haben Ehefrauen die gleichen Rechte wie die Ehemänner. „Stimmt es, dass muslimische Mädchen oft schon früh verheiratet werden?", fragt Mila. Aylin zögert etwas mit der Antwort. „Es kommt manchmal wirklich noch vor, dass Mädchen gedrängt werden einen bestimmten Mann zu heiraten, den sie sich nicht selbst ausgesucht haben", erklärt sie dann. „Aber oftmals schlagen die Eltern ihren Töchtern nur einen Ehepartner vor. Die Mädchen können diesen Vorschlag auch ablehnen. Wenn sie jedoch ein gutes Verhältnis zu ihren Eltern haben wollen, dann sollten sie solche Vorschläge nicht zu oft ablehnen." Mila schluckt. „Die Mädchen stehen also ganz schön unter Druck", findet sie. Aylin nickt. „Es ist üblich spätestens mit Mitte 20 verheiratet zu sein." Mila weiß, dass ihre Eltern erst mit 30 geheiratet haben und sich selbst füreinander entschieden haben. „Das ist bei uns Christen viel lockerer", erzählt sie deshalb. „Man kann heiraten wann man will und wen man will und wenn man sich von seinem Ehepartner trennen möchte, dann ist das auch kein Problem." Einen Moment schweigen beide Mädchen.
„Wir feiern zwar in beiden Religionen die Hochzeit. Doch die Ehe hat bei euch eine etwas andere Bedeutung als bei uns", findet Aylin. Mila nickt und ist froh, dass das Thema Eheschließung bei den Christen lockerer ist.

Aufgabe 16: **a)** *Die Reihenfolge der Monate des islamischen Jahres sind durcheinander gekommen. Bringe sie in die richtige Reihenfolge.*

10. Schawwal
4. Rabi ath-Thani
8. Scha'ban
2. Safar
9. Ramadan
6. Dschumada-l-Achira
12. Dhu-l-Hiddscha
3. Rabi l-Awwal
5. Dschumada al-Ula
7. Radschab
1. Muharram
11. Dhu-l-Qa'da

1.	
2.	
3.	
4.	
5.	
6.	
7.	
8.	
9.	
10.	
11.	
12.	

Weitere muslimische Feste

Jumada al-Thani / Rajab 1445 — Januar

S	M	D	M	D	F	S
	1 (19)	2 (20)	3 (21)	4 (22)	5 (23)	6 (24)
7 (25)	8 (26)	9 (27)	10 (28)	11 (29)	12 (30)	13 (1)
14 (2)	15 (3)	16 (4)	17 (5)	18 (6)	19 (7)	20 (8)
21 (9)	22 (10)	23 (11)	24 (12)	25 (13)	26 (14)	27 (15)
28 (16)	29 (17)	30 (18)	31 (19)			

Rajab / Sha'ban 1445 — Februar

S	M	D	M	D	F	S
				1 (20)	2 (21)	3 (22)
4 (23)	5 (24)	6 (25)	7 (26)	8 (27)	9 (28)	10 (29)
11 (1)	12 (2)	13 (3)	14 (4)	15 (5)	16 (6)	17 (7)
18 (8)	19 (9)	20 (10)	21 (11)	22 (12)	23 (13)	24 (14)
25 (15)	26 (16)	27 (17)	28 (18)	29 (19)		

Sha'ban / Ramadan 1445 — März

S	M	D	M	D	F	S
					1 (20)	2 (21)
3 (22)	4 (23)	5 (24)	6 (25)	7 (26)	8 (27)	9 (28)
10 (29)	11 (1)	12 (2)	13 (3)	14 (4)	15 (5)	16 (6)
17 (7)	18 (8)	19 (9)	20 (10)	21 (11)	22 (12)	23 (13)
24 (14)	25 (15)	26 (16)	27 (17)	28 (18)	29 (19)	30 (20)
31 (21)						

Ramadan / Shawwal 1445 — April

S	M	D	M	D	F	S
	1 (22)	2 (23)	3 (24)	4 (25)	5 (26)	6 (27)
7 (28)	8 (29)	9 (30)	10 (1)	11 (2)	12 (3)	13 (4)
14 (5)	15 (6)	16 (7)	17 (8)	18 (9)	19 (10)	20 (11)
21 (12)	22 (13)	23 (14)	24 (15)	25 (16)	26 (17)	27 (18)
28 (19)	29 (20)	30 (21)				

Shawwal / Dhu al-Qadah 1445 — Mai

S	M	D	M	D	F	S
			1 (22)	2 (23)	3 (24)	4 (25)
5 (26)	6 (27)	7 (28)	8 (29)	9 (1)	10 (2)	11 (3)
12 (4)	13 (5)	14 (6)	15 (7)	16 (8)	17 (9)	18 (10)
19 (11)	20 (12)	21 (13)	22 (14)	23 (15)	24 (16)	25 (17)
26 (18)	27 (19)	28 (20)	29 (21)	30 (22)	31 (23)	

Dhu al-Qadah / Dhu al-Hijja 1445 — Juni

S	M	D	M	D	F	S
						1 (24)
2 (25)	3 (26)	4 (27)	5 (28)	6 (29)	7 (1)	8 (2)
9 (3)	10 (4)	11 (5)	12 (6)	13 (7)	14 (8)	15 (9)
16 (10)	17 (11)	18 (12)	19 (13)	20 (14)	21 (15)	22 (16)
23 (17)	24 (18)	25 (19)	26 (20)	27 (21)	28 (22)	29 (23)
30 (24)						

Dhu al-Hijja 1445 / Muharram 1446 — Juli

S	M	D	M	D	F	S
	1 (25)	2 (26)	3 (27)	4 (28)	5 (29)	6 (30)
7 (1)	8 (2)	9 (3)	10 (4)	11 (5)	12 (6)	13 (7)
14 (8)	15 (9)	16 (10)	17 (11)	18 (12)	19 (13)	20 (14)
21 (15)	22 (16)	23 (17)	24 (18)	25 (19)	26 (20)	27 (21)
28 (22)	29 (23)	30 (24)	31 (25)			

Muharram / Safar 1446 — August

S	M	D	M	D	F	S
				1 (26)	2 (27)	3 (28)
4 (29)	5 (1)	6 (2)	7 (3)	8 (4)	9 (5)	10 (6)
11 (7)	12 (8)	13 (9)	14 (10)	15 (11)	16 (12)	17 (13)
18 (14)	19 (15)	20 (16)	21 (17)	22 (18)	23 (19)	24 (20)
25 (21)	26 (22)	27 (23)	28 (24)	29 (25)	30 (26)	31 (27)

Safar / Rabi' al-Awwal 1446 — September

S	M	D	M	D	F	S
1 (28)	2 (29)	3 (30)	4 (1)	5 (2)	6 (3)	7 (4)
8 (5)	9 (6)	10 (7)	11 (8)	12 (9)	13 (10)	14 (11)
15 (12)	16 (13)	17 (14)	18 (15)	19 (16)	20 (17)	21 (18)
22 (19)	23 (20)	24 (21)	25 (22)	26 (23)	27 (24)	28 (25)
29 (26)	30 (27)					

Rabi' al-Awwal / Rabi' al-Thani 1446 — Oktober

S	M	D	M	D	F	S
		1 (28)	2 (29)	3 (30)	4 (1)	5 (2)
6 (3)	7 (4)	8 (5)	9 (6)	10 (7)	11 (8)	12 (9)
13 (10)	14 (11)	15 (12)	16 (13)	17 (14)	18 (15)	19 (16)
20 (17)	21 (18)	22 (19)	23 (20)	24 (21)	25 (22)	26 (23)
27 (24)	28 (25)	29 (26)	30 (27)	31 (28)		

Rabi' al-Awwal / Rabi' al-Thani 1446 — November

S	M	D	M	D	F	S
					1 (29)	2 (30)
3 (1)	4 (2)	5 (3)	6 (4)	7 (5)	8 (6)	9 (7)
10 (8)	11 (9)	12 (10)	13 (11)	14 (12)	15 (13)	16 (14)
17 (15)	18 (16)	19 (17)	20 (18)	21 (19)	22 (20)	23 (21)
24 (22)	25 (23)	26 (24)	27 (25)	28 (26)	29 (27)	30 (28)

Jumada al-Awwal / Jumada al-Thani 1446 — Dezember

S	M	D	M	D	F	S
1 (29)	2 (30)	3 (1)	4 (2)	5 (3)	6 (4)	7 (5)
8 (6)	9 (7)	10 (8)	11 (9)	12 (10)	13 (11)	14 (12)
15 (13)	16 (14)	17 (15)	18 (16)	19 (17)	20 (18)	21 (19)
22 (20)	23 (21)	24 (22)	25 (23)	26 (24)	27 (25)	28 (26)
29 (27)	30 (28)	31 (29)				

Hinweis: Die Abbildung zeigt einen gewöhnlichen Kalender für das Jahr 2024. In diesem Kalender sind gleichzeitig die Monate und Tage des islamischen Kalenders eingetragen (hellgraue Zahlen). Der erste Teil des abgebildeten Kalenders zeigt den letzten Teil des Jahres 1445 nach islamischer Zeitrechnung. Der letzte Teil des Kalenders zeigt den ersten Teil des Jahres 1446. Der Jahreswechsel liegt in unserem Monat Juli. Die Daten für das Zuckerfest und das Opferfest sind auf Seite 32 versteckt …

__Aufgabe 16__: **b)** *Markiere nun die folgenden Feste im islamischen Kalender:*

rot: Neujahr

blau: Aschura

gelb: Monat Ramadan

orange: Zuckerfest

lila: Opferfest

grün: Mohammeds Geburtstag

Der Prophet Mohammed

Kaaba

„Wieso pilgern die Muslime eigentlich nach Mekka?", möchte Mila wissen. „In Mekka wurde der Prophet Mohammed geboren. Dort befindet sich auch das wichtigste Heiligtum der Muslime: die Kaaba. Dabei handelt es sich um ein kleines Gotteshaus, das wie ein Würfel aussieht, der mit einem schwarzen Tuch bedeckt ist. Das Wort Kaaba bedeutet sogar Würfel. Die Muslime kommen hierher, um die Kaaba sieben Mal zu umrunden. Dabei tragen sie weiße Pilgerkleidung und rufen: *Labbaika* (Dir zu Diensten). Ziel des Pilgerns ist es, die Welt mit reinem Herzen neu zu sehen."

Mila denkt einen Moment lang nach. „Und wieso hat Mohammed eine so große Bedeutung für euch?" Mila hat schon gemerkt, dass er eine sehr wichtige Rolle für die Muslime spielt. Dies bestätigt ihr Aylin. „Mohammed lebte vor ca. 1400 Jahren in Mekka. Die Stadt liegt im heutigen Saudi-Arabien", erklärt sie. „Er wuchs bei seinem Großvater und seinem Onkel auf, da seine Eltern früh gestorben waren. Seine Berufe waren Karawanenführer und Kaufmann.

Blick auf den Islam
Klasse 3/4 – Bestell-Nr. 13 088
KOHL VERLAG

Der Prophet Mohammed

Der Engel Gabriel überbrachte eines Abends die Botschaft, dass Mohammed nach Jerusalem reisen solle. In einer einzigen Nacht ritt er auf einem Buraq, einem Wesen mit Flügeln, von Mekka nach Jerusalem und wieder zurück. Auf dem Tempelberg in Jerusalem stieg er auf einer Leiter in den Himmel zu Allah. Dabei traf er auf dem Weg die Propheten Abraham, Adam, Jesus und Moses. An der Stelle, von der Mohammed seine Himmelfahrt angetreten hat, steht heute der Felsendom. Dort gibt es einen Stein mit einem Hufabdruck des Burak. Diese Himmelsreise wird von den Muslimen gefeiert und gilt als heilige Nacht. Sie wird Miraj genannt." Mila kommt die Geschichte bekannt vor. „Im christlichen Glauben gibt es auch eine Himmelfahrt. Nachdem Jesus gestorben ist und beerdigt wurde, wird sein Grab leer aufgefunden. Sein Körper ist in den Himmel aufgestiegen."

Aylin erklärt weiter: „Aber Mohammed ist für die Muslime vor allem deshalb von so großer Bedeutung, weil ihm der Koran übermittelt wurde. Mohammed zog sich auf der Suche nach Ruhe oft in die Höhle Hira in der Nähe von Mekka zurück. Manchmal übernachtete er sogar dort. Als Mohammed ungefähr 40 Jahre alt war, wurde ihm vom Engel Gabriel in dieser Höhle der erste Teil des Korans übermittelt.

Daraufhin erschien Mohammed der Engel Gabriel immer wieder mit neuen Botschaften. Erst nach 23 Jahren war der Koran vollendet. Mohammed predigte zunächst in Mekka, dass es nur einen einzigen Gott gibt. Denn dies war Teil der Botschaft, die ihm der Engel Gabriel überbrachte.

Der Prophet Mohammed

Viele Menschen waren zunächst von dieser Behauptung erschrocken, da sie an mehrere Götter glaubten, und verjagten Mohammed. Er floh in die Stadt Yathrib, die später Medina genannt wurde. Die Flucht wird als Hidjra bezeichnet und stellt den Beginn der islamischen Zeitrechnung dar. Erst mehrere Jahre später kehrte Mohammed nach Mekka zurück und konnte dort mehr und mehr Menschen für den neuen Glauben gewinnen. Seine Anhänger glaubten nur noch an einen Gott, dem sie sich voll hingaben. *Islam* bedeutet nämlich Hingabe und gemeint ist die Hingabe an Allah."

Mila hängt einen Moment lang ihren Gedanken nach. Mohammed spielt tatsächlich eine mindestens genauso große Rolle für die Muslime wie Jesus für die Christen.

„Neben dem Koran gibt es übrigens die Sunna", fährt Aylin fort. „Darin wird in Geschichten, die Hadithe genannt werden, erzählt was Mohammed selbst gesagt und getan haben soll."

Mila denkt wieder über die Pilgerreisen nach. „Warst du schon mal in Mekka?", fragt sie Aylin. Diese schüttelt den Kopf. „Nein, aber ich möchte unbedingt einmal dorthin", antwortet sie. „Gibt es für euch Christen auch vorgeschriebene Pilgerreisen?" Mila überlegt. „Verpflichtet zum Pilgern sind wir eigentlich nicht. Aber manche Christen pilgern nach Santiago di Compostela in Nordspanien, nach Lourdes in Südfrankreich oder nach Rom in Italien", erklärt sie. „Gibt es für die Muslime noch weitere Pilgerziele?" Aylin nickt. „Oh ja! Der Weg von Mekka nach Medina ist eine bekannte Pilgerstrecke. Medina liegt ca. 25 Kilometer östlich von Mekka. Dort ist der Prophet Mohammed gestorben. Auf dem Hügel Arafat wird mehrere Tage gebetet und es werden im Tal Minā von jedem Pilger sieben Steine auf eine heilige Stelle geworfen." Mila fällt auf, dass es bei den Pilgerzielen der Muslime um den Propheten Mohammed geht. „Außerdem gilt Jerusalem für uns als heilige Stadt", fährt Aylin fort. „Dort, wo Mohammed vom Tempelberg aus in den Himmel zu Allah aufstieg, bauten die Muslime einen Dom mit einer goldenen Kuppel. In der Nähe, auf demselben Hügel, steht die al-Aqsa-Moschee. Der Name bedeutet *die entfernteste Moschee*. Beide Gebäude sind Pilgerziele, sind aber nicht so wichtig wie Mekka." „Jerusalem hat auch für uns Christen eine große Bedeutung", erzählt Mila. „Die Christen glauben, dass Jesus, der Sohn Gottes, in Jerusalem am Kreuz gestorben und dann dort von den Toten auferstanden ist."

Aylin grinst. „Das ist also noch eine weitere Himmelfahrt von Jerusalem aus."

13

Der Prophet Mohammed

Felsendom in Jerusalem

EA **Aufgabe 17**: *Ordne die Buchstaben in der 2. Spalte, sodass sich das gesuchte Wort ergibt (1. Spalte).*

Geburtsort von Mohammed	KAKEM	
Heiligtum in Würfelform	ABAKA	
Himmelfahrt Mohammeds	JAMIR	
Mohammeds Flucht	JADRIH	
Erzählungen Mohammeds	NASNU	
Geschichten über Mohammed	HEITAHD	
späterer Name der Stadt Yathrib	DEMANI	
Höhle bei Mekka, in der Mohammed der Koran offenbart wurde	ARHI	
Wesen mit Flügeln, auf dem Mohammed nach Jerusalem geritten ist	RUBKA	

Der Prophet Mohammed

<u>Aufgabe 18</u>: *Ordne die Sätze nach der richtigen Reihenfolge.*

Da ihm viele nicht glaubten, flüchtete er nach Yathrib. **(K)**
Mohammed wurde in Mekka geboren. **(M)**
Daraufhin predigte Mohammed, dass es nur einen einzigen Gott gibt. **(K)**
Damit begann die islamische Zeitrechnung. **(A)**
In einer Höhle bei Mekka wurde Mohammed der Koran vom Engel Gabriel übermittelt. **(E)**

Moschee in Medina

Karte zu Mohammeds Geburtstag

Sunniten und Schiiten

„In Deutschland und in einigen anderen christlichen Ländern gibt es übrigens zwei christliche Religionen nebeneinander: die katholische und die evangelische Kirche", erzählt Mila Aylin. „Martin Luther war mit dem Ablasshandel der Kirche unzufrieden, denn man konnte sich damals einfach von seinen Sünden freikaufen. Damit verdiente die Kirche viel Geld. Martin Luther beschwerte sich darüber, indem er seine 95 Thesen an einer Kirche aufhängte. Er wollte damit seine Religion eigentlich nur ändern und verbessern, aber nicht spalten. Trotzdem ist daraufhin eine neue Glaubensrichtung entstanden: die protestantische oder evangelische Kirche." „Das heißt also, dass es seitdem Katholiken und Protestanten gibt?", fragt Aylin nach. Mila nickt. „Seit über 500 Jahren. Denn die Kirchenreform war im Jahr 1517." „Gibt es mehr Katholiken oder mehr Protestanten?", möchte Aylin nun wissen. „Etwas mehr Katholiken", erklärt ihr Mila. „Es gibt katholische und evangelische Kirchen, aber auch ökumenische Feste. Dann kommen beide Religionen zusammen."

„Weißt du was?", ruft Aylin. „Genauso ist es im Islam. Es gibt ebenfalls zwei Glaubensrichtungen, zwei Konfessionen: die Sunniten und die Schiiten. Im Großen und Ganzen glauben beide Gruppen das Gleiche. Aber es gibt einige Unterschiede, da die beiden Gruppen den Glauben etwas anders verstehen und leben. Vor der Spaltung der Muslime in Sunniten und Schiiten haben sich die Muslime darüber gestritten wer der Nachfolger von Mohammed sein soll. Die Gruppe, die später die Sunniten bildete, war dafür, dass der beste Muslim „Kalif" (Nachfolger Mohammeds) werden sollte. Dagegen wünschte sich die andere Gruppe, die sich später Schiiten nannte, dass ein Verwandter Mohammeds die Nachfolge antritt."

Sunniten und Schiiten

Mila findet es interessant, dass es nicht nur bei den Christen Unstimmigkeiten gegeben hat, die letztendlich zu einer Spaltung führten. „Seit wann gibt es diese zwei Konfessionen?", möchte Mila wissen. „Mohammed starb im Jahr 632 n. Chr. Daraufhin entstand der Konflikt, der 661 n. Chr. zur Spaltung führte". Das ist also schon weit über 1000 Jahre her, überlegt Mila. „Gibt es mehr Sunniten oder mehr Schiiten?", fragt sie Aylin. „85 % der heutigen Muslime sind Sunniten und nur 15 % Schiiten".

„Es gibt übrigens noch andere kleinere Glaubensgruppen, zum Beispiel die Aleviten. Sie gibt es allerdings nicht in allen muslimischen Ländern, sondern nur in der Türkei, auf dem Balkan, im Norden des Iran und in Aserbaidschan. Sie gehen nicht in die Moschee, beten nicht fünf Mal am Tag und fasten nicht 30 Tage lang. Trotzdem bezeichnen sie sich als Muslime. Außerdem gibt es den Sufismus. Das ist allerdings keine eigenständige Glaubensrichtung, sondern eher eine zusätzliche Orientierung, die sich jeder Muslim anschließen kann. Die Sufis wollen Gott möglichst nah sein und verbinden sich mit ihm durch Musik und Tanz. Beim Tanz der Derwische drehen sie sich mit erhobenen Händen lange und schnell im Kreis, ums Herz herum, um Gott in ihrem Herzen zu suchen." Aylin zückt ihr Handy, um Mila ein Video zu zeigen. Tatsächlich drehen sich mehrere Männer in weißen Gewändern minutenlang im Kreis und Mila wundert sich, dass ihnen nicht schwindelig oder schlecht wird. „Das ist die Mevlevi-Tradition. Die tänzerische Anbetung der Aleviten ist ähnlich. Männer und Frauen sind dabei allerdings nicht getrennt", erzählt ihr Aylin.

Sunniten und Schiiten

Aufgabe 19: *Ordne jedem Begriff (links) eine Definition (rechts) zu. Du erhältst ein Lösungswort.*

Begriff
Derwisch
Sunniten
Katholiken
Aleviten
Sufis
Schiiten
Protestanten

Definition	
Muslime, die nicht in die Moschee gehen und nicht 5 - mal am Tag beten und nicht 30 Tage fasten.	(R)
Überzeugung: Ein Nachfahre Mohammeds soll sein Nachfolger werden.	(E)
tanzende Sufis, die sich am Platz schnell im Kreis drehen	(T)
Überzeugung: Der beste Muslim soll Mohammeds Nachfolger werden.	(U)
neue christliche Glaubensrichtung, die nach der Spaltung der Kirche entstanden ist	(I)
ältere christliche Glaubensrichtung	(E)
Muslime, die ihrem Gott Allah besonders nahekommen möchten	(K)

Lösungswort: ______________________

Islamisten und Extremisten

Schon lange würde Mila Aylin gerne eine Frage stellen. Bisher hat sie sich allerdings noch nicht getraut.
„Du hast bestimmt von den Terroranschlägen gehört, oder?", traut sie sich schließlich doch zu fragen. „Ich meine die Flugzeuge, die am 11. September 2001 in die Türme des World Trade Center in New York geflogen sind oder der LKW, der am 14. Juli 2016, dem französischen Nationalfeiertag, in Nizza in eine Menschenmenge gerast ist. Etwas Ähnliches ist ebenfalls im Jahr 2016 auf einem Weihnachtsmarkt in Berlin passiert. Ein schwerer LKW wurde in eine Menschenmenge gesteuert." Mila macht eine Pause und weiß nicht, wie sie die Frage stellen soll. Aylin versteht zum Glück bereits, worauf Mila hinaus will. „Ich weiß", sagt sie. „Die Täter waren immer Muslime. Aber sie deuten den Koran ganz anders als alle anderen Muslime. Es sind Extremisten oder Islamisten. Sie wollen mit Gewalt erreichen, dass sich Menschen dem Islam anschließen und diesen so verstehen wie sie. Alle Nichtmuslime sind für sie Ungläubige und sie denken, dass es richtig ist sich gegen diese Ungläubigen zu wehren. Sie wollen erreichen, dass der Islam die weltweite Herrschaft übernimmt. So etwas denkt aber nur ein ganz kleiner Bruchteil der Muslime. Die meisten sind friedlich und tolerant und haben mit diesen Extremisten nichts zu tun. Der Islam verbietet sogar Selbstmord und Mord. Ich schäme mich dafür, dass es Menschen gibt, die an den gleichen Gott glauben wie ich, aber den Koran so auslegen, dass sie damit ihre Gewalt rechtfertigen. Aber nur weil es einige, verhältnismäßig sehr wenige Muslime gibt, die so denken und handeln, darf unser eigentlich friedlicher Glauben nicht in Frage gestellt werden." Mila weiß, was ihre Freundin meint. Aylin – und fast alle anderen Muslime auch – wollen nicht mit den Taten der Islamisten in Verbindung gebracht werden. „Eigentlich lehnen wir Muslime Gewalt ab. Im Wort Islam steckt sogar das Wort Salam. Und das bedeutet Frieden.

Terroristen

KOHL VERLAG Blick auf den Islam Klasse 3/4 – Bestell-Nr. 13 088

15

Islamisten und Extremisten

EA

Aufgabe 20: *Beantworte die Quizfragen. Die Buchstaben hinter den richtigen Antworten ergeben ein Lösungswort.*

1. Wann flogen Terroristen Flugzeuge in die Türme des World Trade Centers in New York?
   a) 01.11.2011 (T)
   b) 11.09.2001 (K)
   c) 11.11.2010 (I)

2. In welchem Jahr fanden die Anschläge in Frankreich und Deutschland statt, bei denen jeweils ein LKW in eine Menschenmenge raste?
   a) 2012 (E)
   b) 2014 (A)
   c) 2016 (O)

3. Das Ziel der Islamisten ist,
   a) dass der Islam weltweit die Herrschaft übernimmt. (R)
   b) dass Frauen mitbestimmen dürfen. (N)
   c) die weltweite Einhaltung der Menschenrechte. (T)

4. Was lehnen die Islamisten ab?
   a) Gewalt (T)
   b) die Inhalte des Koran (E)
   c) die Trennung von Staat und Religion (A)

5. *Wogegen gehen die Islamisten vor?*
   a) gegen Andersgläubige (N)
   b) gegen alle Muslime (E)
   c) gegen Männer (S)

Lösungswort: ______________________

Die Verbreitung des Islam

„Wie viele Muslime gibt es eigentlich auf der Welt?", fragt sich Mila. Aylin zuckt mit den Schultern. „Ich weiß nur, dass in der Türkei 99 % der Bevölkerung Muslime sind", antwortet sie und tippt dann etwas in ihr Handy ein. Dann liest sie vor: „Es gibt fünf Weltreligionen. Das sind die größten Religionsgemeinschaften mit den meisten Anhängern. Das Christentum ist am meisten verbreitet mit 2,3 Milliarden Anhängern. Darauf folgt der Islam mit 1,6 Milliarden Muslimen. An dritter Stelle steht der Hinduismus. Es gibt 940 Millionen Hindus und zum Buddhismus zählen 460 Millionen Anhänger. Auf die Buddhisten folgen die Juden mit 15 Millionen Gläubigen." Aylin liest weiter. „Das Judentum ist die älteste Religion und vor mehr als 3500 Jahren entstanden. Der Hinduismus ist aber fast genauso alt. Aus ihm hat sich der Buddhismus entwickelt. Und seit der Geburt von Jesus gibt es das Christentum. Der Islam ist die jüngste der fünf Religionen und es ist die Religion, die am schnellsten wächst." Mila erinnert sich: „Den Islam gibt es, seitdem Mohammed der Koran ab 610 n. Chr. übermittelt wurde. Das ist also schon über 1400 Jahre her."

Mila hat noch eine Frage: „Weißt du, in welchen Ländern die meisten Einwohner Muslime sind?" Aylin schüttelt den Kopf. Doch sie tippt sofort etwas in ihr Handy und beginnt dann aufzuzählen: Algerien, Saudi-Arabien, Ägypten, Jemen, Indonesien, Mauretanien, Malediven, Tadschikistan, Afghanistan, Marokko, Komoren, Dschibuti, Somalia, Libanon, Tunesien, Niger, Pakistan, Aserbaidschan, Jordanien, Usbekistan, Turkmenistan, Sudan, Kosovo, Syrien, Irak und Iran. Dort sind mehr als 90 % der Bevölkerung Muslime. Mehr als 80 % Muslime gibt es in den folgenden Ländern: Oman, Kuwait, Mali, Bangladesch, Kirgisistan, Guinea, Gambia, Bahrain, Palästina."
Mila überlegt. Das sind alles Länder, die östlich oder südlich von Europa liegen. Der Orient!

Blick auf den Islam
Klasse 3/4 – Bestell-Nr. 13 088
KOHL VERLAG

Die Verbreitung des Islam

Aufgabe 21: *Markiere die oben genannten islamischen Länder auf der Karte, indem du die Länder mit einem roten Buntstift anmalst.*

Die Verbreitung des Islam

<u>Aufgabe 22</u>: *Domino*

Schneide die einzelnen Zeilen so aus, dass Dominokarten entstehen. Lege die Karten so aneinander, dass jeweils der Begriff und die dazu passende Erklärung nebeneinanderliegen.

Minarett	Gotteshaus der Muslime
Sufis	die heilige Schrift der Muslime
Sure	Geburtsort von Mohammed
Schiiten	größte Glaubensrichtung im Islam (etwa 85 % der Muslime)
Iftar	arabisches Wort für *Fasten*
Mohammed	Fastenmonat
Derwisch	zweitgrößte Glaubensrichtung im Islam (etwa 15 % der Muslime)
Koran	das wichtigste Heiligtum im Islam: kleines schwarzes Gotteshaus in Würfelform
Salat	Fastenbrechen nach Sonnenuntergang nach einem Tag ohne Essen und Trinken
Mekka	kleine Glaubensgruppe, die Moscheebesuche, das Pflichtgebet und das Fasten ablehnt

Blick auf den Islam
Klasse 3/4 – Bestell-Nr. 13 088

Die Verbreitung des Islam

Imam	Zuckerfest, das nach 30 Fastentagen gefeiert wird
Muezzin	Pflichtgebet, das fünf Mal am Tag stattfinden soll
Hilal	besondere Orientierung im Glauben: Suche nach besonderer Nähe zu Gott durch Musik und Tanz (z. B. Derwische)
Schahada	Prophet, dem der Koran offenbart wurde
Moschee	Kapitel der heiligen Schrift
Haddsch	Tänzer (Sufis), die sich in einem weißen Gewand schnell im Kreis drehen, um mit Allah in Kontakt zu kommen
Sunniten	Mondsichel (Symbol des Islam)
Saum	Pilgerreise nach Mekka
Zakat	einer der Türme des Gotteshauses
Ramadan	Vorbeter in der Moschee
Aleviten	Glaubensbekenntnis: Es gibt keinen Gott außer Allah und Mohammed ist sein Prophet.
Bayram	Ruf vom Minarett aus zum Gebet
Kaaba	Almosensteuer

Die Mezquita-Kathedrale in Córdoba

„Eigentlich sind sich der Islam und das Christentum in vielerlei Hinsicht ähnlich", findet Mila. „Wir glauben an einen Gott, verehren jeweils einen Propheten besonders und viele Geschichten gibt es sowohl im Koran als auch in der Bibel." Aylin nickt. „Ja, schon, aber die Art, wie wir unsere Religion ausleben ist schon anders", gibt sie zu bedenken. „Wir tragen Kopftücher, fasten, feiern andere Feste und beten anders als ihr." Beide Mädchen denken schweigend über die Unterschiede und Gemeinsamkeiten ihrer Religionen nach. Aylin unterbricht schließlich Milas Gedanken: „Hast du von der Mezquita in Córdoba in Südspanien gehört?" Mila schüttelt den Kopf. „Ich war dort im Urlaub und habe sie mir angeschaut. Es ist ein total beeindruckendes Gebäude und gilt seit 1882 als Nationaldenkmal. Seit 1984 gehört es sogar zum UNESCO-Weltkulturerbe."

Mezquita Innenansicht

Mezquita Außenansicht

Mila weiß nicht, wovon Aylin spricht. „Was meinst du?", fragt sie. „Die Mezquita ist eine Moschee, in die eine Kathedrale hineingebaut wurde". Mila sieht ihre Freundin verwundert an. „Es ist also beides in einem: Moschee und Kathedrale?", fragt sie nach. Aylin nickt. „Die Moschee ist riesig, sogar so groß, dass eine Kirche darin Platz finden konnte. Während des Mittelalters eroberten die Mauren (muslimisches Volk) Spanien und bauten 785 n. Chr. an der Stelle, wo vorher eine Kirche gestanden hatte, eine Moschee. Im Jahre 1236 eroberten die Christen die Region zurück und nutzten die Moschee als Kirche. Erst im 16. Jahrhundert ließ der Bischof eine Kathedrale in die Moschee hineinbauen." Mila ist beeindruckt. „Wow, das Gebäude wurde also mal von den Muslimen und mal von den Christen als Gotteshaus genutzt." Aylin nickt. „Schade ist nur, dass Muslime und Christen es bisher nie gemeinsam genutzt haben." Das findet Mila auch.

KOHL VERLAG Lernen mit Erfolg
Blick auf den Islam
Klasse 3/4 – Bestell-Nr. 13 088

Die Mezquita-Kathedrale in Córdoba

Aylin schwärmt weiter von der faszinierenden Moschee-Kathedrale: „Vor dem Gebäude befinden sich Brunnen zum Waschen ganz in der Nähe des Glockenturms und im Inneren sind die Gebetsnischen und muslimische Ornamente neben Marienbildern und christlichen Kreuzen zu sehen." „Islam und Christentum kombiniert!", fasst Mila zusammen. „Die Mezquita scheint eine Verbindung zwischen den beiden Religionen zu sein." Plötzlich grinst sie und sagt lachend: „Aber eine noch bessere Verbindung von Islam und Christentum sind wir!"

Aufgabe 23: *Ordne den zeitlichen Angaben die richtigen Ereignisse zu.*

Zeit
Mitte des 6. Jahrhunderts
785 n. Chr.
1236 n. Chr.
16. Jahrhundert
1882
1984

Erklärung zum Weltkulturerbe der UNESCO	(N)
Bau der Kathedrale in der Moschee	(R)
Bau der westgotischen Basilika Sankt Vinzenz	(M)
Wiedereroberung der Region von den Christen => Nutzung des Gebäudes als Kirche	(U)
Erklärung zum Nationaldenkmal in Spanien	(E)
Bau der Moschee	(A)

Lösungswort: ______________________

Lösungen

1 Kopftücher

Aufgabe 1: ISLAM

2 Ruf des Muezzin

Aufgabe 2: BETEN

3 Das Gebet

Aufgabe 3: MUEZZIN

Aufgabe 4:

SCHUBKARREN	2. weg, 3. weg, 6. -> H, 8. -> N, 9. -> A, 10. -> LL, 11. -> AH	SUBHANALLAH	Bezeichnung für Gebetskette (E)
TISCH	2. -> E, 4. -> BI	TESBIH	Allah ist der Größte (B)
ALARMANLAGE	2. -> LL, 4. -> H, 5. -> U, 7. -> K, 8. - > B, 10. weg, 11. -> R	ALLAHU AKBAR	Bezeichnung für Gebetskette (E)
STRAßENBAHN	MI vor dem Wort, 2.-7. weg, 11. -> A	MISBAHA	Allah ist erhaben. (G)
HAMBURGLAUF	AL vor dem Wort, 4. -> D, 6. -> LI, 7. -> L, 10. -> weg, 11. -> H	ALHAMDULILLAH	Allah sei Lob und Dank. (T)

Lösungswort: **GEBET**

Aufgabe 5: Al-Ball (der Fußballstar) – Al-Rocker (der Rockmusiker) – Al-Tristi (der Traurige)

4 Das blaue Auge

Aufgabe 6:

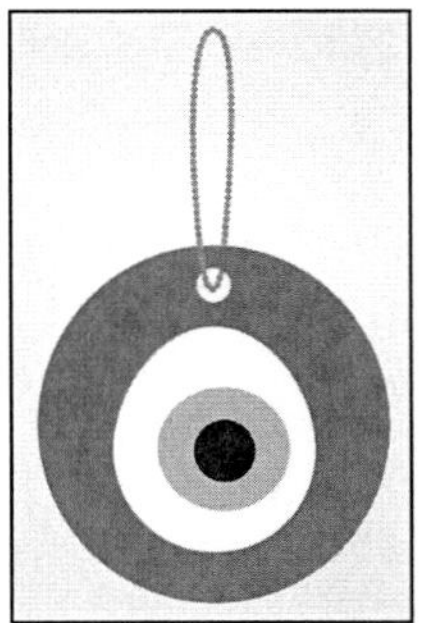

Blick auf den Islam
Klasse 3/4 – Bestell-Nr. 13 088
KOHL VERLAG

Lösungen

5 Der Koran

Aufgabe 7:

	Islam	Christentum
Es gibt nur einen Gott.	X	X
Mohammed ist der wichtigste Prophet.	X	
Basis für die Religion bietet eine heilige Schrift.	X	X
Die Geschichten von Abraham und Moses sind in der heiligen Schrift zu finden.	X	X
Jesus ist Gottes Sohn.		X
Die heilige Schrift besteht aus 114 Suren.	X	
Man wird als Hafiz bezeichnet, wenn man die heilige Schrift auswendig kennt.	X	
Gott ist Vater, Sohn und Heiliger Geist.		X
Der Name der heiligen Schrift bedeutet Lesung oder Vortrag.	X	

Aufgabe 8:

Abrahams Frau Sarah kann keine Kinder bekommen.
Gott verspricht Abraham und seiner Frau Sarah viele Kinder.
Sarah wird schwanger.
Der Sohn Isaak kommt zur Welt.
Gott bittet Abraham, seinen Sohn Isaak zu opfern.
Abraham ist bereit, seinen Sohn Isaak zu opfern.
Gott verhindert im letzten Moment, dass Isaak getötet wird.

Lösungswort: **IBRAHIM**

6 Die fünf Säulen des Islam

Aufgabe 9:

MUSCHEL	1.-> H, 2.-> ADD, 6. und 7. weg	Haddsch	Pflichtgebet (E)
SPAGAT	1.-> Z, 2. weg, 4. -> K	Zakat	Fasten (F)
QUADRAT	1.weg, 2.-> S, 4. -> L, 5. weg	Salat	Almosen (U)
SCHAFHERDE	5. weg, 7. -> A, 8. weg, 10. -> A	Schahada	Wallfahrt (F)
TRAUM	1. -> S, 2. weg	Saum	Glaubens-bekenntnis (N)

Lösungswort: **FUENF**

7 Der Fastenmonat Ramadan

Aufgabe 10: Die Sätze 2, 4, 8, 9 und 10 sind richtig.

Lösungswort: **IFTAR**

8 In der Moschee

Aufgabe 11: Minarett – Kirchturm, Muezzin – Kirchenglocken, Mohammed – Jesus, Koran – Bibel, Imam – Pastor/Priester, Moschee – Kirche

Lösungen

9 Der Halbmond

Aufgabe 12: Lösungswort: SICHEL

10 Das Zuckerfest

Aufgabe 13: Der Fastenmonat **Ramadan** endet in der Türkei mit dem **Zuckerfest**, das auch **Ramazan Bayramı / Şeker bayramı** genannt wird. Es dauert **drei** Tage. „**Eid Mubarak / Bayrami mübarek olsun**", bedeutet „Alles Gute zum Zuckerfest" und ist **arabisch / türkisch**. Es gibt Süßigkeiten und **Geschenke** für die Kinder. Die Muslime feiern das Fastenbrechen mit der **Familie** und müssen an diesem Tag nicht zur **Schule** gehen, da es sich um einen gesetzlichen Feiertag handelt.

Aufgabe 14:

	Zuckerfest	Weihnachten
Fastenbrechen	X	
Geschenke	X	X
Familienfeier	X	X
Geburt von Jesus		X
Friedhofsbesuch	X	
Dauer: 3 Tage	X	X
schulfrei	X	X
Süßigkeiten	X	X
24., 25. und 26. Dezember		X

11 Das Opferfest

Aufgabe 15: Beim Opferfest erinnern die Muslime an **Abraham**. Es geht dabei um die völlige **Hingabe** zu Gott. Zum Fest gehört eine **Opfergabe** fest dazu. Geschlachtet wird normalerweise ein Schaf. Gegessen werden Fleisch, Gemüse und **Pilav**. Pilav ist ein **Reisgericht**. Man gibt sich gegenseitig **Geschenke**. Außerdem lesen die Muslime im **Koran**. Das Opferfest ist Höhepunkt der jährlichen Pilgerreise nach **Mekka**.

12 Weitere muslimische Feste

Aufgabe 16a: 1. Muharram, 2. Safar, 3. Rabi l-Awwal, 4. Rabi th-Thani, 5. Dschumada l-Ula, 6. Dschumada l-Achira, 7. Radschab, 8. Scha'ban, 9. Ramadan, 10. Schawwal, 11. Dhu-l-Qa'da, 12. Dhu-l-Hiddscha

Blick auf den Islam
Klasse 3/4 – Bestell-Nr. 13 088

Lösungen

12 Weitere muslimische Feste

Aufgabe 16b:

rot: Neujahr (1. Tag im Jahr, 1. Muharram) / am 07.07.
blau: Aschura (10. Muharram) / 16.07.
gelb: Monat Ramadan (9. Monat) / 11.03. bis 09.04.
orange: Zuckerfest (drei Tage im Anschluss an den Monat Ramadan, die ersten drei Tage im Monat Schawwal) / 10. bis 12.04.
lila: Opferfest (10. Tag des letzten Monats Dhu-l-Hiddscha) / 16. bis 19.06.
grün: Mohammeds Geburtstag (12. Tag im dritten Monat Rabi th-Thani) / 15.10.

Januar – Jumada al-Thani / Rajab 1445

S	M	D	M	D	F	S
	1	2	3	4	5	6
7	8	9	10	11	12	13
14	15	16	17	18	19	20
21	22	23	24	25	26	27
28	29	30	31			

Februar – Rajab / Sha'ban 1445

S	M	D	M	D	F	S
				1	2	3
4	5	6	7	8	9	10
11	12	13	14	15	16	17
18	19	20	21	22	23	24
25	26	27	28	29		

März – Sha'ban / Ramadan 1445

S	M	D	M	D	F	S
					1	2
3	4	5	6	7	8	9
10	11	12	13	14	15	16
17	18	19	20	21	22	23
24	25	26	27	28	29	30
31						

April – Ramadan / Shawwal 1445

S	M	D	M	D	F	S
	1	2	3	4	5	6
7	8	9	10	11	12	13
14	15	16	17	18	19	20
21	22	23	24	25	26	27
28	29	30				

Mai – Shawwal / Dhu al-Qadah 1445

S	M	D	M	D	F	S
			1	2	3	4
5	6	7	8	9	10	11
12	13	14	15	16	17	18
19	20	21	22	23	24	25
26	27	28	29	30	31	

Juni – Dhu al-Qadah / Dhu al-Hijja 1445

S	M	D	M	D	F	S
						1
2	3	4	5	6	7	8
9	10	11	12	13	14	15
16	17	18	19	20	21	22
23	24	25	26	27	28	29
30						

Juli – Dhu al-Hijja 1445 / Muharram 1446

S	M	D	M	D	F	S
	1	2	3	4	5	6
7	8	9	10	11	12	13
14	15	16	17	18	19	20
21	22	23	24	25	26	27
28	29	30	31			

August – Muharram / Safar 1446

S	M	D	M	D	F	S
				1	2	3
4	5	6	7	8	9	10
11	12	13	14	15	16	17
18	19	20	21	22	23	24
25	26	27	28	29	30	31

September – Safar / Rabi' al-Awwal 1446

S	M	D	M	D	F	S
1	2	3	4	5	6	7
8	9	10	11	12	13	14
15	16	17	18	19	20	21
22	23	24	25	26	27	28
29	30					

Oktober – Rabi' al-Awwal / Rabi' al-Thani 1446

S	M	D	M	D	F	S
		1	2	3	4	5
6	7	8	9	10	11	12
13	14	15	16	17	18	19
20	21	22	23	24	25	26
27	28	29	30	31		

November – Rabi' al-Awwal / Rabi' al-Thani 1446

S	M	D	M	D	F	S
					1	2
3	4	5	6	7	8	9
10	11	12	13	14	15	16
17	18	19	20	21	22	23
24	25	26	27	28	29	30

Dezember – Jumada al-Awwal / Jumada al-Thani 1446

S	M	D	M	D	F	S
1	2	3	4	5	6	7
8	9	10	11	12	13	14
15	16	17	18	19	20	21
22	23	24	25	26	27	28
29	30	31				

13 Der Prophet Mohammed

Aufgabe 17:

Geburtsort von Mohammed	KAKEM	MEKKA
Heiligtum in Würfelform	ABAKA	KAABA
Himmelfahrt Mohammeds	JAMIR	MIRAJ
Mohammeds Flucht	JADRIH	HIDJRA
Erzählungen Mohammeds	NASNU	SUNNA
Geschichten über Mohammed	HEITAHD	HADITHE
späterer Name der Stadt Yathrib	DEMANI	MEDINA
Höhle bei Mekka, in der Mohammed der Koran offenbart wurde	ARHI	HIRA
Wesen mit Flügeln, auf dem Mohammed nach Jerusalem geritten ist	RUBKA	BURAK

Aufgabe 18:

Mohammed wurde in Mekka geboren.
In einer Höhle bei Mekka wurde Mohammed der Koran vom Engel Gabriel übermittelt.
Daraufhin predigte Mohammed, dass es nur einen einzigen Gott gibt.
Da ihm viele nicht glaubten, flüchtete er nach Yathrib.
Damit begann die islamische Zeitrechnung.
Lösungswort: **MEKKA**

Lösungen

14 Sunniten und Schiiten

Aufgabe 19: Lösungswort: TUERKEI

15 Islamisten und Extremisten

Aufgabe 20: Lösungswort: KORAN

16 Die Verbreitung des Islam

Aufgabe 21:

KOHL VERLAG
Blick auf den Islam
Klasse 3/4 – Bestell-Nr. 13 088

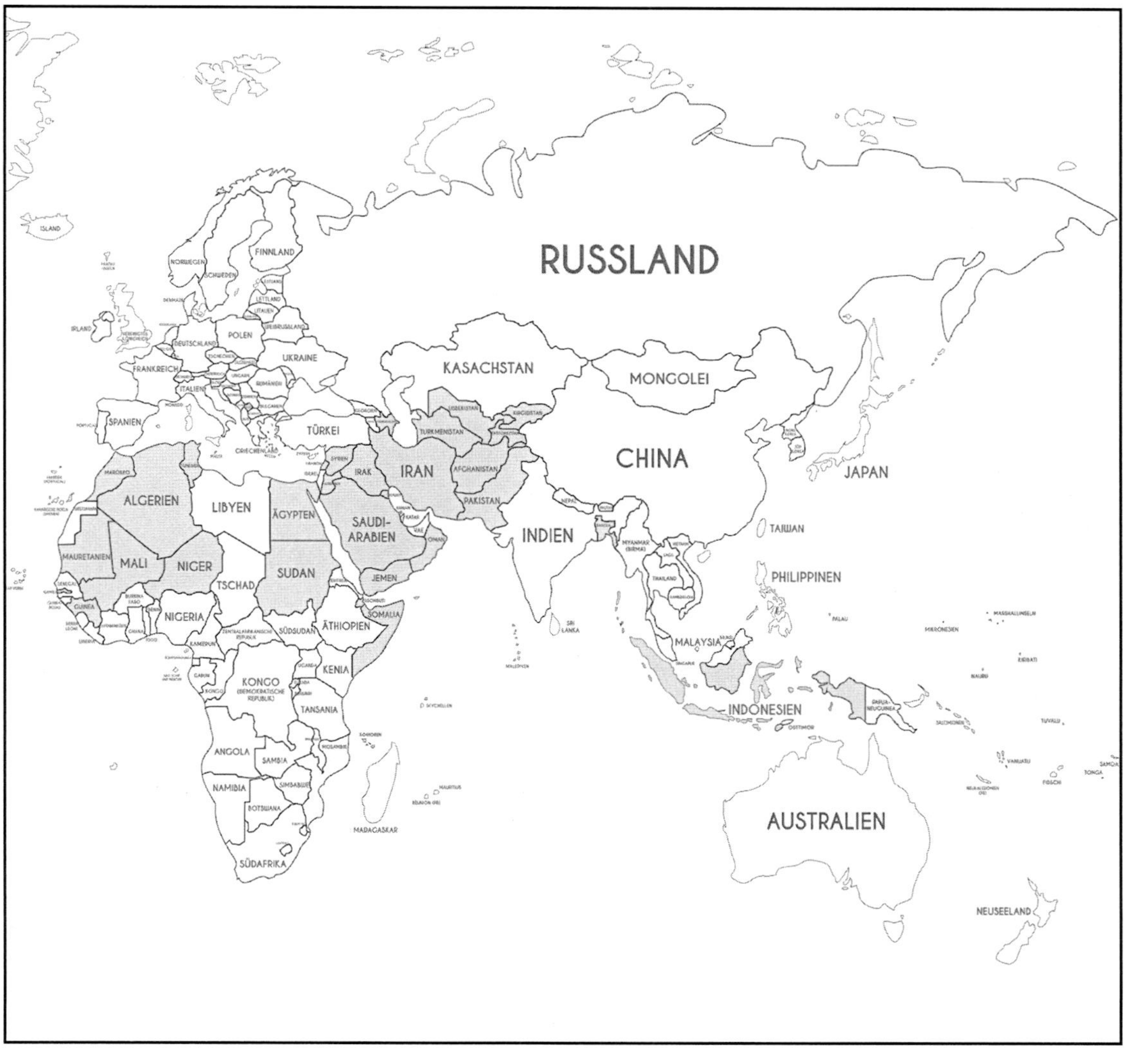

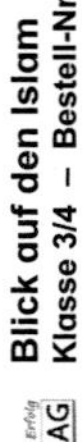

Lösungen

16 Die Verbreitung des Islam

Aufgabe 22:

Imam	Vorbeter in der Moschee
Muezzin	Ruf vom Minarett aus zum Gebet
Hilal	Mondsichel (Symbol des Islam)
Schahada	Glaubensbekenntnis: Es gibt keinen Gott außer Allah und Mohammed ist sein Prophet.
Moschee	Gotteshaus der Muslime
Haddsch	Pilgerreise nach Mekka
Sunniten	größte Glaubensrichtung im Islam (etwa 85 % der Muslime)
Saum	arabisches Wort für *Fasten*
Zakat	Almosensteuer
Ramadan	Fastenmonat
Aleviten	kleine Glaubensgruppe, die Moschee-besuche, das Pflichtgebet und das Fasten ablehnt
Bayram	Zuckerfest, das nach 30 Fastentagen gefeiert wird
Kaaba	das wichtigste Heiligtum im Islam: kleines schwarzes Gotteshaus in Würfelform
Minarett	einer der Türme des Gotteshauses
Sufis	Tänzer (Sufis), die sich in einem weißen Gewand schnell im Kreis drehen, um mit Allah in Kontakt zu kommen
Sure	Kapitel der heiligen Schrift
Schiiten	zweitgrößte Glaubensrichtung im Islam (etwa 15 % der Muslime)
Iftar	Fastenbrechen nach Sonnenuntergang nach einem Tag ohne Essen und Trinken
Mohammed	Prophet, dem der Koran offenbart wurde
Derwisch	besondere Orientierung im Glauben: Suche nach besonderer Nähe zu Gott durch Musik und Tanz (z. B. Derwische)
Koran	die heilige Schrift der Muslime
Salat	Pflichtgebet, das fünf Mal am Tag stattfinden soll
Mekka	Geburtsort von Mohammed

17 Die Mezquita-Kathedrale in Córdoba

Aufgabe 23: Lösungswort: **MAUREN**